Eva Demski liefert ein anregendes, kluges und charmantes Buch über des Menschen liebsten Ort. »Er hat mich mehr als einmal gerettet, der Garten: die Dinge zurechtgerückt, mich zum Lachen gebracht, wenn mir zum Heulen war. Er bereitet mir Niederlagen, aber er tröstet mich, wenn die Welt mir welche bereitet.«

»Als Sommerlektüre braucht dieses Buch über Freud und Leid des Gärtners keine besondere Fürsprache mehr. Leser, die die Geschichten, die neben der Kultivierung von Pflanzen auch von der Hege und Pflege des Lebens handeln, noch nicht gekauft, weiterempfohlen oder verschenkt haben, dürfen sich freuen, weil man sie auf den Erfolgstitel der Frankfurter Schriftstellerin noch hinweisen kann.« *Florian Balke, Frankfurter Allgemeine Sonntagszeitung*

Eva Demski wurde 1944 in Regensburg geboren und lebt heute in Frankfurt am Main. Ihr literarisches Werk wurde vielfach ausgezeichnet, so erhielt Eva Demski 2008 den Preis der Frankfurter Anthologie.

Michael Sowa wurde 1945 in Berlin geboren und studierte an der dortigen Hochschule der Künste. Seine Illustrationen erschienen u.a. in *Die Zeit*, *Titanic* und *The New Yorker*. Er erhielt zahlreiche Preise, u.a. den Berliner Buchpreis in der Kategorie Kinderbuch.

insel taschenbuch 4003

Eva Demski

Gartengeschichten

Eva Demski
Gartengeschichten

Mit Bildern von Michael Sowa

Insel Verlag

insel taschenbuch 4003
Erste Auflage 2011
Insel Verlag Berlin 2011

Vertrieb durch den Suhrkamp Taschenbuch Verlag
Druck: GGP Media GmbH, Pößneck
Printed in Germany
ISBN 978-3-458-35703-2

1 2 3 4 5 6 – 16 15 14 13 12 11

Gartengeschichten

Für A.

Der Garten meiner Mutter

»diese dornen – sie sind der beste teil an dir.«
Marianne Moore

Sie starb im Dezember, als ihr Garten sich längst zur Ruhe begeben hatte. Sie war nicht krank gewesen, hatte ihn noch, wie es sich gehört, für den Winter bereitgemacht: die Töpfe in den Keller und ins Treppenhaus geschleppt, die Rosen angehäufelt und etwas zurückgeschnitten, Sorgenkinder abgedeckt, Zwiebeln gelegt. Die holländische Gartenmafia züchtet Zwiebeln, die ein einziges Mal blühen und dann nie mehr, hatte sie sich, wie in jedem Jahr, aufgeregt. Meine Mutter war eine Gartensozialistin mit immer wachem Mißtrauen gegen die Machenschaften der Industrie, die selbst vor so unschuldigen Bereichen wie ihrem Garten nicht haltmachte. Ganz im Gegenteil. Jedes Gartencenter war für sie eine Mahnung, die Revolution nicht zu vergessen.

Sie steckte voller Geschichten über die Pharmaindustrie, von Insektiziden vergiftete Billigarbeiter in Drittweltländern, genverseuchtes Saatgut und was dergleichen grüne Teufeleien mehr sind.

Natürlich hatte sie mit allem recht, ich mochte es aber nicht hören. Der Garten sollte politikfreies Gebiet sein, fand ich. Das sah sie nicht ein, ihr gelang es im Gegensatz zu mir, Entzücken an ihrem paradiesischen Stück Erde und Erkenntnis der Hoffnungslosigkeit und Finsternis aller menschlichen Existenz jederzeit in Einklang zu bringen.

Nun war sie tot, wir begruben ihre Urne, und ihr Garten schlief noch immer tief. Schnee fiel in diesem Winter, nicht viel, aber genug, um alles gleich aussehen zu lassen – ihren

Garten und die Nachbargärten. Über die hatte sie sich oft lustig gemacht: Schwarzwald für Arme. Nagelscherenrasen. Manchmal war sie auch neidisch: Schau dir diese Maréchal Niel an. Bei mir das reinste Läusefestival!

In den drei Jahren, die sie nach dem Tod meines Vaters allein verbrachte, beschwerte sie sich manchmal über ihren Garten wie über ein Lebewesen, das unmäßige Forderungen stellt. Elfhundert Quadratmeter, viel zuviel für einen einzelnen Menschen. Du weißt ja nicht, was das heißt, du mit deinem Handtuch!

Und schon war es wieder da, unser zuverlässiges Begleitgespenst: das schlechte Gewissen.

Nicht, daß mein Vater der große Gartenhelfer gewesen wäre, sein Gebiet war eher die Grenzüberschreitung zwischen Erdarbeiten und Utopie: Da muß ein Teich hin! Hier könnte man ein Gartenhaus brauchen!

Jetzt fehlten ihr die Pläne, gegen die sie sich hätte wehren können, um dann irgendwann doch nachzugeben. Man könnte sagen, daß aus Zukunft eine zunehmend mühevolle Abfolge von Gegenwärtigkeit geworden war. Schon wieder Hecken schneiden, schon wieder mähen, schon wieder jäten.

Momente des Entzückens stellten sich seltener ein – die blühende Spalieraprikose an der Südwand, die lodernde weiße Strauchpäonie, unter der unser erster Kater, Angkor, begraben lag – er war ein ganz besonderer Liebling gewesen. Die Katzen, die ihm gefolgt waren, hatten ihr Friedhöfchen in der dunklen Kompostecke, jede mit eigenem Stein, auf dem ihr Namen stand: Michi, Afra, Amu, Thymian. Geblieben war ihr Pascha, der vierundzwanzigjährige Kater, der sie um eineinhalb Jahre überleben sollte.

Nicht einmal die Trauer über alles Verlorene konnte ihr Erstaunen über das, was in jedem Frühjahr aus unscheinbaren

Samenkörnchen wurde, mindern. Sie hatte sich in ihrem letzten Winter schon Jiffy-Pots und vielversprechende Tütchen für den März zurechtgelegt.

Der Garten meiner Eltern war ein Sechzigerjahregarten auf zwei Ebenen, mit Pool in der oberen, am Haus. Das Grundstück war, als sie es kauften, eine bezaubernde Wildnis aus Flieder- und Brombeerbüschen, alten Obstbäumen und jeder Menge Kanadischer Goldruten gewesen, der Lieblingsplatz aller Kinder der Umgebung. Die haßten jetzt meine Eltern, die Käufer.

Reihenweise verschwanden damals die Kinderwildnisse – Brachen, Trümmergrundstücke, anarchische Traum- und Sündenorte, wunderbares, erwachsenenfreies Land, wo man rauchen und sich in der Liebe versuchen konnte. Die Erwachsenen holten es sich zurück und machten Besitz daraus. Ich fühlte mit den Vertriebenen, denn mir war es wenige Jahre zuvor genauso gegangen. Auf meinem Kinderkontinent am Frankfurter Alleenring wurden die Erweiterungsbauten des Hessischen Rundfunks errichtet. Kurz danach war ich dann erwachsen. So ging es den erbitterten Kindern aus unserer neuen Nachbarschaft auch, und später kamen sie zu uns zum Schwimmen.

Während der obere Teil des Gartens nach und nach völlig in elterliche Gewalt – gelegentlich auch in ihre widerstreitende Macht – geriet, hielt sich im unteren Teil immer ein wenig von der vergangenen glücklichen Wildnis. Die alten Obstbäume hatten alle stehenbleiben dürfen und standen auch noch, als die drei Trauerweiden, auf die mein Vater beim Einzug bestanden hatte, ihr ungestümes Gastspiel längst hatten beenden müssen. Der Wunsch, im Wasser badende Weidenzweige betrachten zu können, war mit drei derart besitzergreifenden Monstern im Garten offenbar zu teuer bezahlt.

Weiden gehören an Bäche und Tannen in den Wald, wer es anders haben will, wird das bereuen. In kurzer Zeit hatten die Trauerweiden vom oberen Gartenteil Besitz ergriffen, unter ihnen war Wüste, neben ihnen kein Leben, und so wurden sie abgeholzt. Ein breiter Baumstumpf blieb übrig. Meine Mutter stellte einen Korb Geranien drauf. Manchmal streckte der Stumpf ein paar Zweige aus, nur mal so, um zu probieren, ob man es vielleicht wieder mit dem Wachsen wagen könnte? Aber die Gartenbesitzer waren gewarnt und paßten auf.

Seit dem Weidenexperiment hatte meine Mutter Oberwasser, und so entstand ihre bewunderte, kontrolliert wild blühende Simulation eines Bauerngartens mit Rosen, Margeriten, Schafgarben, Cosmeen, Schwertlilien und noch hundert anderen Blumenarten, in jeder Jahreszeit blühte irgendwas Schönes. Es gelang meiner Mutter, einer eleganten Städterin, die Blumen bisher nur mit Papier drum herum gekannt hatte, in wenigen Jahren die Geheimnisse eines Gartens zu entschlüsseln. Wahrscheinlich hat sie auch erkannt, daß der Garten die einzige Möglichkeit für sie war, ohne zu trauern alt zu werden.

Sie hatte vor dem Alter immer Angst gehabt. Entsetzlich, wenn nicht einmal die Bauarbeiter mehr pfeifen, sagte sie.

So wanderten die Schiaparelli- und St.-Laurent-Kleider in den Keller, ordentlich in alte Bettbezüge gehüllt wie in Leichentücher. Meine Mutter trug fürderhin Overalls, und wenn sie ihrer Schönheit nachtrauerte, ließ sie es keinen merken. Sie hatte der Welt den Rücken zugedreht und sah dafür ihrem Garten ins Gesicht. Sie war und ist nicht die einzige Frau, die das so macht, ob sie es sich eingesteht oder nicht.

Ein Garten ist eine von allen respektierte Art, der Welt mitzuteilen, daß sie einen nicht mehr interessiert. Da meine Mutter jeden Morgen um fünf Uhr Deutschlandfunk hörte und auch sonst keine Nachrichtensendung, keinen Dokumentarfilm über Pharma-, Wirtschafts-, Korruptions- und sonstige Politikskandale versäumte (nur solche über Tiertransporte konnte sie nicht anschauen), hatte sie eine ebenso klare wie düstere Meinung über das Leben. Von außen hätte man ihres für komfortabel, ja sogar glücklich halten können, aber das war es nicht. Sie war eine jener Pessimistinnen, die grade deshalb die schönsten Gärten zustande bringen. Sie zeigen nämlich der verrotteten, dreckigen und kranken Gegenwart, wie sie aussehen könnte, wenn gärtnerische Vernunft regierte. Plato wollte Philosophen als Könige haben, meine Mutter Gärtner. Natürlich keine professionellen, die waren Teil des weltweiten Mörder- und Vergifterkartells.

Es gelangen ihr geniale Kombinationen von Farben und Pflanzen, ich beneidete sie um vieles und konkurrierte niemals – ich mit meinem »Handtuch«. Zu Lebzeiten meines Vaters durfte sie keinen Kitsch aufstellen und hielt sich mit Geschenken an mich schadlos, Steinamphoren und allerlei Terrakotta. Ein abstraktes eisernes Gebilde, das er als Kunstwerk ernster Art in Sichtweite des Hauses auf den Rasen betoniert hatte, bepflanzte sie mit Clematis der Sorte Montana Rubens, ein wunderbares und temperamentvolles Gewächs, unter dem man auch das Frankfurter Polizeipräsidium schnell unsichtbar werden lassen könnte, wenn man nur wollte.

In kurzer Zeit war aus dem Kunstwerk eine duftige, aber kompakte Wolke geworden, im April mit Hunderten von vierblättrigen rosa Blüten bedeckt, die sich in kleine gelbe Knöpfe und dann in sehr dekorative weiße Spiralnebelchen verwandelten. Wenn man etwas zu einem schönen Verschwinden bringen will, ist die Montana Rubens allererste Wahl.

Mein Vater hängte trotzig eine verdrehte, bearbeitete und etwa mannshohe Wurzel so hoch an die Hauswand, wie es ging, und sagte, die sei schließlich Natur, irgendwie.
Die Favoriten meiner Mutter wechselten. Sie ging mit Pflanzen um wie ein Intendant mit seinen Schauspielern. Wer in einer Spielzeit zu viele Hauptrollen hatte, mußte sich in der nächsten mit Nebenrollen begnügen. Und wie ein Intendant konnte sie sich manchmal nicht entscheiden, wen sie nun mehr liebte: die fulminant auftretenden Feuerwerkstypen, prachtvoll, aber schnell schlapp – zum Beispiel Schwertlilien –, oder die verläßlichen Darsteller, von sanfterer, aber haltbarer Schönheit wie manche Polyantharosen, die den ganzen Sommer unermüdlich Blüten nachschieben. Das ist ein verbreitetes gärtnerisches Dilemma.
Ich habe eine Freundin, die sich in einer bestimmten Zeitspanne im Monat Mai weder von lukrativen Jobs noch von verheißungsvollen privaten Terminen aus dem Garten lokken läßt, weil sie darauf wartet, daß ihre chinesischen Päonien aufblühen, riesige, zarte Blütenschüsseln, die schon ein Windhauch oder ein kleiner Regenguß zur Strecke bringt. Ihre volle Schönheit haben sie nur für Stunden. Das ganze übrige Jahr machen sie sich mit furchtbar viel Grünzeug wichtig, nehmen eine Menge Platz weg und leben von der Erinnerung. Meine Freundin pflegt einen Regenschirm über sie zu halten, wenn es nötig ist.
Für solche Extravaganzen hatte meine Mutter nichts übrig. Allerdings brachte sie es fertig, eine von mir geteilte und ausgegrabene Veronica spicata (die einzige Pflanze in meinem Handtuchgarten, um die sie mich je beneidet hat: hohe Stiele mit kegelförmigen lila Pinseln, von denen wie bei einem Kronleuchter sternförmig kleinere Pinsel ausgehen) – mein Vater hatte sie beim Transport abgeknickt und Entspre-

chendes zu hören bekommen – mittels Stäbchen und Mullbinde zu schienen. Sie wuchs tatsächlich weiter.
Auch die Veronica spicata kam wieder, wie alles. Der Garten erwachte zwei Monate nach dem Tod meiner Mutter ungerührt zum Leben, und ich hörte ihre kommentierende und nachdenkliche Stimme. Schneeglöckchen, die sich aus Steinritzen drängten, Ageratum in dicken Kissen, Krokusse, die geduldig unter der Erde herumgewandert waren und nun an unerwarteten Stellen wieder auftauchten. Eine ihrer stillen Belustigungen war es gewesen, Ausreißer zu finden und darüber nachzudenken, warum sie sich am neuen Platz angesiedelt haben mochten, zumal der oft weit weniger kommod war als der ihnen zugedachte. Ein Kind des Essigbaums war sogar unter dem Haus hindurch in den Vorgarten emigriert. Daß die alle nicht bleiben wollen, wo man sie mal hingepflanzt hat! Das war jetzt wieder so, im verwaisten Garten drängelte es sich allenthalben, gebeten und ungebeten. Maiglöckchen waren zehn Meter in Richtung Gartenzaun vorgerückt, das Blaukissen hatte Sendboten zwischen die Treppenstufen gequetscht, und ein winziger Eibensproß hockte dunkel und ernst im kahlen Rosenbeet.
Dann öffnete die Spalieraprikose an der warmen Südwand ihre ersten Blüten. Das war das schlimmste.
Niemals hatte ich darüber nachgedacht, was mit Gärten nach dem Tod ihrer Besitzer geschieht. Verwaiste Häuser hatte ich oft genug gesehen, ihre seltsame Agonie, die man sich nicht erklären kann. Fensterscheiben, die ohne Außeneinwirkung einfach zerbrechen, Dachziegel, die sich bei Windstille lösen, Regen und Tauben reinlassen und den Dreck sowieso. In jeder Nachbarschaft gibt es solche Häuser, wo sollten sonst Gespenster unterkommen.
Aber was ist mit den Gärten? Vielleicht verwandeln sie sich

in kurzer Zeit einfach wieder zurück, es ist ihnen schließlich Gewalt angetan worden, wenn auch sanfte? Ein Garten will immer – immer – etwas anderes lieber wachsen lassen als das, was wir ihm einpflanzen. Das ist seine Natur, und Gärtner sein heißt, sein Stück Erde zu etwas zu bringen, was es von allein nicht täte. Da kann man noch so viel Feng-Shui oder Ökologie bemühen – selbst der gestaltetste und geliebteste Garten wird sich in eine Wildnis mit Brombeersträuchern und sonst noch viel Dornigem verwandeln, wenn er in Ruhe gelassen wird.

Aber man soll sich nicht irren – es dauert herzzerreißend lang, bis ein Garten, ob riesig oder winzig, sich der Spuren seines Gärtners oder seiner Gärtnerin entledigt. Und weil das nicht auszuhalten ist, wenn man die Betreffenden geliebt hat, ist es besser, ihn fremden Händen und Hoffnungen zu überlassen.

Der Sommer kam, ich bezahlte jemanden, der ihren Garten goß, den Rasen mähte und sich um die Bäume kümmerte. Sie hatte Herrn R. gelegentlich beschäftigt und seinen Fähigkeiten mißtraut, was sich dadurch äußerte, daß sie ihn nicht aus den Augen ließ. Seltsamerweise brach er zweimal, als ich mit ihm sprach, in Tränen aus. Sie fehlte ihm sehr. Auch mein Vater, den er als Gartenpläne schmiedenden Zeus in Erinnerung zu haben schien. Die Rosen blühten im ersten Sommer nach ihrem Tod noch verrückter als sonst, und ich hörte noch immer ihre nachdenkliche Stimme, mir schien, als deute sie mir über die Schulter auf ihre lachsfarbenen Sorgenrosen: Da, jetzt geben sie sich endlich Mühe, wenn man sie nicht mehr braucht.

Sie hatte gewußt, daß ich ihren Garten nie übernehmen würde. Aber sie war sich sicher, noch viel Zeit zu haben, bis Entscheidungen getroffen werden mußten. Immer wieder hatte

sie über den Verkauf des Hauses geredet, eine kleinere Wohnung mit Terrasse in der Stadt erwogen: Man wird nicht jünger, und ich bin allein.
Das ging mich an, aber ich habe nicht geantwortet. Sie wäre ohne ihren Garten tatsächlich allein gewesen, und niemand hätte etwas daran ändern können, auch ich nicht.
Ich schaute mir noch einmal alles an, bevor ich mich endgültig verabschiedete.
Von der Kletterhortensie nahm ich einen Ableger mit. Der kränkelte ein paar Jahre bei mir herum, bis er mit mir einverstanden war. Dann eroberte er zügig eine ganze Wand und das Garagendach und bestreut seither Mensch und Tier Ende Mai verschwenderisch mit weißen Sternchen.
Den Katzenfriedhof gab ich in die Fürsorge zweier kleiner Mädchen, Töchter der Käufer, die das sehr romantisch fanden. Auf die nekrophile Ader von Kindern kann man sich verlassen. Sie erinnerten mich an mich selber. Was hätte ich in ihrem Alter nicht für einen eigenen Friedhof gegeben.
Adieu Sommeräpfel, die schaumig schmeckten, wenn man hineinbiß, adieu launischer Zwetschgenbaum, Spender von Überfluß oder totalem Mangel, wie es ihm paßte, ja, und adieu Schattenmorelle, Trägerin der besten Sauerkirschen, die ich je gegessen habe. Sie hatten eine hauchdünne Haut, und wenn man sie entsteinte, flossen Ströme von köstlichem Kirschblut. Man kriegte die Hände tagelang nicht sauber.
Mit den Produkten von der eigenen Scholle war es auch bei meinen Eltern eine besondere Sache. Ich glaube, sie konnten beide nicht fassen, daß zwei Intellektuellen, wie sie es waren, die Erzeugung von eßbarem Obst und, in sehr bescheidenem Rahmen, sogar von Gemüse gelang. Daran erkennt man zuverlässig Gartenbesitzer, die ursprünglich Städter waren: Ein selbstgezogenes Radieschen, eine Handvoll Schnittlauch, ei-

ne Schüssel Kirschen lösen eine gleichsam sakrale Zeremonie des Aufessens aus.
Ich brachte es nicht fertig, mich vom Aprikosenbaum meiner Mutter, der jetzt Früchte mit rotgetupften Bäckchen trug, zu verabschieden. Sie hatte ihre Aprikosen immer gegen uns verteidigt – nicht aus Geiz, sondern weil mein Vater und ich nicht den richtigen Reifegrad abwarteten. Manchmal hatte ich sie in ihrem dreckigen Overall an der Spalierwand stehen sehen, schmal, mit ihren kurzen schwarzen Haaren und ihrem schönen Profil, und eine Aprikose wie eine Hostie verspeisen. Es war übrigens schon ihr zweiter Baum gewesen, Aprikosenbäume werden nicht alt.
Am Tag des Abschieds kam mir der Garten plötzlich kleiner vor. Das ist eine alte Geschichte bei Kindheitsgärten. Aber dieser hier war kein Kindheitsgarten für mich gewesen, dieses fast genau dreißig Jahre lang bearbeitete, immer wieder veränderte, geliebte und vielbenutzte Stück Erde war Elternland. Aus einer schönen Wildnis hatten sie den Garten gemacht, dann war er seiner eigentlichen Regentin, meiner Mutter, ganz zugefallen. Sie hätte ihn ohne Hilfe wohl nicht mehr allzulang beherrschen können, aber das war kein Trost. Es gab überhaupt keinen Trost, nur den Gleichmut der Blumen, die wuchsen wie die Jahre zuvor und ihre Farben zeigten, ob jemand sie anschaute oder nicht. Ich hatte im Juni die alten Steintröge bepflanzen lassen, mit Petunien, wie meine Mutter es immer getan hatte. Nie wäre mir in den Sinn gekommen, einmal, zum letztenmal, andere Blumen zu nehmen, obwohl ich Petunien nicht mag.
Ich habe ihren Garten danach nie wiedergesehen. Aber ich bin sicher: Ich würde sie dort wiederfinden, jetzt noch, nach all den Jahren.

Wo die Liebe hinfällt

»Ich wußte nicht, daß ich diesem Stück Welt / So unwiderruflich verwachsen bin. / Es kam mir bisher niemals in den Sinn, / Daß es mich wirklich am Leben erhält.« Eva Strittmatter

Eva Strittmatters Gedicht *Grasnelken* beschreibt ein Stück märkischen Sands, karg und trocken. Es handelt von der Liebe. In diesem Fall zum Boden, auf dem man zu Hause ist, dem man vertraut und dem man etwas zu entlocken gelernt hat. Man muß das nämlich lernen, und manchmal dauert es lang. Jeder Gartenbesitzer träumt von einem anderen Boden als dem, den er hat. Zum Teil ist das Koketterie, weil eine Pracht, die renitentem Boden entsprossen ist, mehr Beifall bringt als die Üppigkeit in Oberbayern oder in den Tropen, von der man ja weiß, daß sie dort von allein entsteht. Auf mancherlei Art kommt man zu seinem Boden, und oft merkt man erst nach geraumer Zeit, daß man da jetzt hingehört und nicht mehr wegwill. Das heißt aber keinesfalls, daß man ihn kennt, seinen Boden, die Erde, mit der man künftig zu tun haben wird.

Wenn junge Erwachsene zu ihrem ersten eigenen Garten kommen, weil sie einen kleinen Bauplatz dort kaufen, wo sie Arbeit gefunden haben und eine Familie, schauen sie nicht nach dem Boden. Der erste Besitz ist so aufregend, daß kaum jemand sich darum kümmert, woraus er besteht und was der Untergrund versprechen könnte. Wenn die neuen Grundbesitzer schon als Kind mit und in einem Garten gelebt haben, wissen sie, wonach sie schauen müßten: nach Trockenheit und Nässe, lockerem oder lehmigem Boden, Schatten oder Licht. Das kriegt sogar ein gartenhassendes Kind mit, zwangsläufig. Das ist wie lesen lernen. Meist aber schauen sie nur, wo das Klettergerüst hin kann oder ein Gummipool, da wäre ein guter Grillplatz, und man möchte natürlich Blumen und vielleicht einen Zwetschgenbaum. Der Boden? Der ist untendrunter und spielt erst mal keine Rolle. Später werden dann vielleicht ein paar Fuhren sogenannter Mutterboden abgekippt und verteilt, wobei die Mutter des Bodens meistens so wenig bekannt ist wie der Vater. Dafür ist er teuer.

Da machen wir Rollrasen hin, wird beschlossen, und dort ein paar schnellwachsende Büsche, als Sichtschutz. Es gibt im Gartencenter viele schöne Blütenpflanzen, bunt, mit respektgebietenden lateinischen Namen und ein paar für Analphabeten gedachten Symbolen auf einem Plastikschildchen, das im Topf steckt. Ein, zwei Kaufräusche später ist so der erste Garten entstanden, und der kann sogar hübsch aussehen. Glücklich macht er jedenfalls, und das ist das wichtigste. Die Erde bleibt fürs erste unsichtbar und stumm. Irgendwann allerdings meldet sie sich. Und zeigt, wer sie ist und daß sie sich von ein paar Zentimetern Fremderde nicht den Mund verbieten läßt.

Mit dem Rollrasen fängt es an. Der grüne Teppich sieht im zweiten Jahr schon ganz anders aus, und je nachdem, wo unser Stück Erde ist, kommen unterschiedliche ungebetene Gäste. In manchen Städten sind das oft noch, über ein halbes Jahrhundert nach dem Krieg, Trümmerpflanzen – Disteln, Huflattich, Königskerze und Goldrute. Ich kenne Gärten, in denen man immer noch Ziegelbrocken findet, man muß gar nicht tief graben. Jeder Garten ist nur der oberste Teil eines Turms von Geschichten. Was war vorher da? Felder? Brachland? Eine Tankstelle, ein Haus, ein Friedhof? Oder Wald? Was würde manch eine Erde sagen, wenn der Gärtner sie fragen würde? Daß sie erschöpft ist, vielleicht, und daß sie mit

ein bißchen Stickstoff eine Zeitlang in Ruhe gelassen werden möchte.
Lehmboden bleibt Lehmboden, und wenn man hundert Säkke Torf hineinwirft. Der Gärtner sagt sich, Ökologie hin oder her, der verdammte Boden soll machen, was ich will. Der wird sich für kurze Zeit fügen, wird eine Menge Geld und Nerven in sich begraben, aber aus einem schweren Boden wird nicht wirklich ein leichter, das ist wie bei den Menschen.
Muß man dem Boden etwas abtrotzen, oder schenkt er freiwillig? Eva Strittmatters Grasnelken sind so ein Geschenk, nur auf sandigem Boden wachsen sie gut, auf diesem mageren Boden, durch den das Wasser wie durch ein Sieb läuft und verschwindet, ohne sich um den Durst der Wurzeln zu kümmern. Kiefern kommen mit wenig Wasser aus oder Wacholderbüsche. Und so schöne Blumen wie die wilden Nelken. *Das kümmernde Rosa harter Grasnelken. / Ihr bläuliches Spiel unterm spärlichen Tau.*
Gerade auf kargen Böden werden oft die üppigsten Gärten gestaltet. Für besonders bunte und vielfältige Beispiele haben malende Gärtner gesorgt, zum Beispiel Emil Nolde und Max Liebermann, auf ihren Magerböden in Seebüll und am Wannsee. Eine bis heute in Wirklichkeit und auf vielen Bildern bewahrte Farbenfülle. Beide Gärten kann man besuchen, wobei Emil Noldes Garten nach seinem Tod weiter gehegt und geliebt wurde, während der des Max Liebermann Enteignung und Barbarei auszuhalten hatte und erst jetzt wieder wunderbar rekonstruiert worden ist. Beide Künstler haben sich viele Gedanken um ihren Garten gemacht, der Gesamteindruck ist der einer unbändigen Schöpfungsfülle.
Im Überfluß der Tropen, in denen Wachstum und Fäulnis schnell aufeinanderfolgen, gelten dagegen strenge und formalistische Gärten als schön. Ein Beispiel dafür ist der Gar-

ten des alten Railway Hotel in Hua Hin. In der fetten Erde würde auch ein in den Boden gesteckter Spazierstock Blätter und Blüten treiben, deswegen heißt das Gesetz dieses tropischen Gartens Zähmung, Ordnung, Niederhalten. Die gesamte Anlage ringt dem Chaos der Fruchtbarkeit strenge Formen ab, in diesem Fall Tierformen. Mächtige Mammuts und zierliche Vögel, Scharen von Hasen und Hirschen, ein aus Liguster und Bougainvilleen gezüchteter Zoo, dessen Tiere sich in der Dämmerung in Bewegung zu setzen scheinen. Den ganzen Tag über sind Gärtner mit Scheren unterwegs, um selbst das kleinste Zweiglein, das vom Tier wieder zur Pflanze zurückwill, zu kappen. Vielleicht muß ein Garten immer eine Art Gegenentwurf zur Umgebung sein.
Die Gleichförmigkeit hat in der Architektur fast auf der ganzen Welt gesiegt. Lochfassaden und Reihenhauszeilen, von Nord bis Süd und Ost bis West. Auch wenn das eine oder andere Dekorationselement verwegen aus der Norm ausschert – der Schuhkarton als Gestaltungsprinzip hat sich durchgesetzt. Da bleiben die Gärten, um sich von anderen zu unterscheiden. Und es ist immer wieder zum Staunen, welche Vielfalt auf gleichem Boden gedeihen kann.
Daß in jedem Boden ein Garten schläft, habe ich vor ein paar Jahren in Israel gesehen. Nach einem ziemlich nassen Winter fuhr ich mit dem Schriftsteller Meir Shalev in die Wüste. Es war inzwischen Frühling geworden, und Meir Shalev hatte ein neues Auto, mit Vierradantrieb. Er wollte sich in der Wüste auf die Lauer legen und warten, bis andere Autos im Sand feststeckten, um sie dann im Triumph rauszuziehen. Ganz nebenbei versprach er mir einen erstaunlichen Anblick, und er versprach nicht zuviel. Der Garten Eden, der lang im Wüstensand geschlafen hatte, war wach geworden, die Hügel hatten plötzlich einen dichten grünen Graspelz, und die Zie-

gen der Beduinen waren wie besoffen von all dem köstlichen Grün. Wo viele Jahre nur Felsbrocken gewesen waren, sprudelte eine Quelle, und um sie herum wuchsen wilde Tulpen und Narzissen. Mohnfelder und bauchhohe Margeriten bedeckten den Sand. Ich traute meinen Augen nicht. Sogar der Dornbusch aus der Bibel war da, und er brannte tatsächlich, mit tausend feuerroten Blüten. Menschen wälzten sich in den Blumen, rissen sie büschelweise aus, waren auf ihre Weise genauso verrückt wie die Ziegen. Ein Auto nach dem anderen fuhr sich im Sand fest, und Meir Shalev verbrachte mitsamt seinem neuen Jeep einen glücklichen Nachmittag. Gott oder die Götter, wer auch immer für diesen schwierigen Landstrich verantwortlich sein mag, sorgten in diesem Frühling dafür, daß sichtbar wurde, wie die Welt aussehen könnte. Das Ganze dauerte natürlich nicht lang, der Rausch verflog, die Wüste bekam ihre fahle Farbe zurück, aber die Erinnerung an diesen Garten Eden blieb seinen Besuchern, und den Ziegen vermutlich auch.

Was für Erde gibt es auf Erden? Schwarze, braune, gelbe, rote und weiße, es ist wie bei den Menschen. In den bayrischen Gärten, schwarzerdig und fett, wächst fast alles. Neiderfüllt schauen die Touristen auf die unter Blumen versinkenden Zäune und die meterlangen Blütenwasserfälle, die sich von den Balkonen stürzen. Man schiebt die Fruchtbarkeit gern auf die Luft des Voralpenlandes oder das gute Wasser, aber es ist diese Erde, die den Gärtnern ihre Sache leichtmacht, wohlgenährte, gut gehaltene Gartenerde, die außer vielleicht ein paar Erbstreitigkeiten noch nicht viel hat durchmachen müssen.

Es gibt lehmige und tonige Erde, Erde, die das Wasser nicht aufnimmt, sondern in Pfützen stehenläßt und nur zögerlich trinkt. Es gibt die saure, braune Erde, auf der der Rhododen-

dron ganze Wälder bildet, den Gefallen tut er seinen Liebhabern anderswo nicht. Was in manchen Gegenden, im Norden oder in England, unaufhaltsam wuchert, wird auf anderen Böden mühsam mit großen Gruben, in die der saure Boden gefüllt worden ist, festgehalten und gehegt. Kann sein, daß er trotz aller Liebesmüh kümmert, der Rhododendron. Komischerweise mag er Aristokratengärten, auch wenn der Boden nicht ganz stimmt.

Auf hellem Kalkboden gedeihen Skabiosen, Steinkraut, Euphorbien und manche Heilkräuter. Sogar in der Ödnis alter Steinbrüche entdeckt man Blümchen, sie sind klein und zäh, haben wunderschöne Farben, aber sie springen einem nicht ins Auge, sondern verstecken sich gern.

Im thailändischen Dschungel ist die Erde rot, das ist sie auch in den Kautschuk- und Bananenplantagen oder in den Parks und Gärten wie dem von Hua Hin, denen der Dschungel hat weichen müssen. Selbst unter den wüstesten Neubaugebirgen lebt er noch, und seine fette Erde lauert auf die kleinsten Ritzen, um etwas hinauszutreiben aus dem Beton. Rote Erde gibt es auch bei uns, nach ihr heißen im Ruhrgebiet Sportstadien und Schaustellervereine.

Wann und wo sieht man eigentlich Erde? Wenn die Felder gepflügt daliegen, für kurze Zeit nackt und schutzlos. Viele Menschen kennen Farbe, Eigenschaften und Vorlieben ihrer Erde gar nicht. Für sie ist Erde braun und, zu zwanzig oder fünfzig Litern abgepackt, in Tüten erhältlich. Sie ist mittlerweile ebenso ein Kunstprodukt wie die Pflanzen, die man hineinsteckt. Manche haben deswegen das Kompostieren wieder gelernt, das ist eine Wissenschaft, und es gibt so viele Rezepte für den ultimativen Kompost, wie es Komposthaufen gibt. Der Einsatz der selbstgemachten Supererde entlockt auch unwilligem Boden die eine oder andere schöne Überra-

schung – verändern tut es ihn aber nicht. Vielleicht in hundert Jahren. Erde braucht Zeit. Zeit der Ruhe, der Erholung, der Abwechslung. Zeit hat aber niemand mehr, und so gibt man ihr Medikamente, damit sie schneller tut, was von ihr verlangt wird.
Manchmal helfen die aber nicht mehr, und dann muß ein ganzer schöner Garten weggeräumt werden, wie einem herrlichen Rosengarten geschehen ist, den viele jedes Jahr bewunderten. Schön brotbraun hatte die Erde ausgesehen und Hunderte von Rosenbüschen und -bäumen aller möglicher Sorten ernährt. Aber in ihr hatten sich Nematoden angesiedelt, winzige, in der Vergrößerung eklig aussehende Würmer, die nützlich sein sollen und schädlich sein können. Man kann sie paketweise bestellen, dann machen sie Dickmaulrüsslern und anderem Schädlingszeug den Garaus, wenn sie aber in großer Zahl unter die Rosen geraten, gibt es keine Rettung mehr.
Im Garten begegnen wir der Erde eigentlich nie mit Neugier und Geduld von Angesicht zu Angesicht. Entweder reißen wir etwas aus ihr raus oder pflanzen etwas in sie hinein. Sie nackt zu sehen behagt höchstens dem Gemüsegärtner, für kurze Zeit, bis Salat und Möhrengrün sie bedeckt haben. Im sogenannten Ziergarten hat sie bekleidet zu sein, dem Erfindungsreichtum der Gartenindustrie sind da keine Grenzen gesetzt. Polster, Zwergstauden, kriechendes und sich verzweigendes Gestrüpp, Moose und was sich sonst noch eng auf den Boden legt, tausend und abertausend Sorten bieten sich an. Daß nur keine Löcher, durch die man Erde sehen könnte, bleiben.
Woraus besteht sie eigentlich? Die Frage ist nicht so dumm, wie sie klingt. Sie gilt zwar wie Luft, Feuer und Wasser als Element, von diesen allen hat sie aber vermutlich die kom-

plizierteste Struktur. Ein Gemisch aus abgestorbenen Pflanzenteilen, Vulkanasche, zermahlenen Muscheln und anderem Urgetier ist sie, eigentlich ein Friedhof für Totes und Nährboden für unzählige Mikroben, Bakterien und anderes Lebendiges. Sie verbirgt allerlei hingeschiedene Kulturen, Edelsteine, Erze und andere Rohstoffe. Wenn man torfige Erde in den Fingern zerreibt, spürt man die Pflanzenfasern. Was durch den Darm eines Regenwurms gewandert ist, bildet kleine, schwarze Häufchen und ist allerfeinster Boden. Vergangene Zeiten haben in manche Gegenden fruchtbare Erde geschaufelt und andere hungern lassen. In Berggegenden spuckt sie Steine aus, jedes Jahr neue. Das ist gut, daraus kann man Mäuerchen bauen, damit sie nicht abrutscht. Sie braucht Halt durch Wurzeln, wenn der Boden nicht eben ist, sonst wird sie weggespült. Manchmal ahnt man etwas von ihrer Vorgeschichte, zum Beispiel, wenn der Garten beim Gießen plötzlich durchdringend nach Pilzen zu riechen anfängt. Waldbodengeruch, woher auch immer er kommen mag.

Erde ist ein lebendiges Wesen und liebt lebendigen Dünger, Blut und Scheiße: Blutmehl, Hornspäne, Pferdeäpfel, Kuhdung oder Guano, was auch nichts anderes als Vogelmist ist. Nur keine Fleischfresserfäkalien. Ich glaube nicht, daß all die appetitlichen Plastikflaschen mit geruchlosem, wasserklarem Inhalt und vielversprechenden Namen, die lausfreie und glückliche Riesenblumen verheißen, dem barbarischen Dünger von einst ebenbürtig sind.

Erde schluckt und verdaut vieles, aber manchmal kann selbst sie nicht verdauen. Als ich zum erstenmal die Ebene von Verdun sah, auf dem Weg nach Paris, wußte ich nicht, wo ich war. Ich hatte das Schild nicht gesehen, aber eine so düstere, abweisende Erde war mir noch nie zuvor begegnet. Obwohl das Schlachten schon so viele Jahrzehnte zurücklag, schien sich die Erde bis heute nicht erholt zu haben von dem, was sie hatte schlucken müssen. Man könnte denken, daß auf Todesfeldern eine besonders üppige Vegetation gedeihen würde. Das war hier nicht so. Krüppliges, unwilliges Gewächs habe ich gesehen, von einem grauen Himmel niedergedrückt. Auf richtigen Friedhöfen dagegen ist die überfütterte Erde nicht unfreundlich und gibt den kleinen Vierecken, in die man sie zerteilt hat, an Fülle, was sie kann. Auf einem Friedhof meiner Kindheit gab es besonders schöne Apfelbäume, und es galt als Kühnheitsbeweis, die Äpfel zu essen. Wir nannten sie Leichenäpfel.

Vielleicht mag man der Erde wegen ihrer Verbindung zum Tod nicht so gern ins Gesicht schauen. Auch das Getier, auf das der Gärtner beim Graben stößt, löst keine Begeisterung aus, trotz mancher Nützlichkeit. Regenwürmer, Asseln, Tausendfüßler, Ameisen, Schlupfwespen, Engerlinge – sie mögen das Licht nicht, suchen so schnell wie möglich wieder im Dunkel zu verschwinden, sie machen abstoßende huschende oder kriechende Bewegungen, und man braucht eine gewisse Energie, um sich ihnen ohne Gänsehaut zu nähern. Sie haben mit Fressen und Verdauen zu tun, sie können auch Großes langsam und geduldig im Dunklen zum Verschwinden bringen. Diese Gedanken will man schnell los sein, also Erde drüber und sich freuen an den Dingen, die aus ihr wachsen.

Erde zu lieben ist noch immer eine ganz verdächtige und kontaminierte Angelegenheit, Liebe zur Scholle das Reaktionärste, was es gibt. Der kultivierte Gärtner redet also nicht von seinem Boden, sondern von dessen Möglichkeiten, verändert zu werden. Der Boden ist potentiell unwillig und feindselig und muß sich manipulieren lassen. Deshalb sehen wir Mais- oder Weizenfelder bis zum Horizont, keine Heckenstreifen mehr, keine Knicks, in denen Vögel wohnen. Die nostalgische Klage über die verödende Kulturlandschaft ist alt und abgenutzt, wobei meines Wissens Saatgut, Feldblumen, Hecken und Vögeln viele ihre Stimme geliehen haben, der Erde aber eigentlich niemand. Sie ist einfach da und muß sich bearbeiten lassen, sie muß aufnehmen und wieder hergeben und für Verwesung ebenso sorgen wie für Neubeginn. Manchmal, wenn sie irgendwo völlig verschwunden ist, jammert man ihr hinterher und pflanzt ein bißchen Bergwald, damit sie sich festhalten kann. Aber auf den hundertsten Skilift wird nicht verzichtet.

Das große Ganze kann der Gärtner nicht ändern. Seine Erde kann er aber fragen, was sie will, und ihr zuhören, ganz für sich, und vielleicht geht es ihm dann wie der Dichterin Eva Strittmatter:

Ich dachte immer, ich könnte mich trennen,
Wenn ich nur wollte. Das ginge leicht.
Doch jetzt: was mich aus der Ferne erreicht,
Das werde ich niemals gut genug kennen –

Krieg und Frieden 96

»zwischen fast nichts und nichts / wehrt sich und blüht weiß die Kirsche.« Hans Magnus Enzensberger

Die grüne, wilde Neretva entlang reihten sich die Bauerngärten und machten sich ans Keimen und Blühen wie in jedem Frühjahr. Man hätte denken können, alles sei normal und der Bosnienkrieg wirklich vorbei. Eine wunderschöne Landschaft, vielfarbig gestreifte Berge, wenig Menschen. Manchmal wurden wir von Militärposten aufgehalten. Aber sie ließen uns nach etwas Hin und Her immer weiterfahren. Wir, das waren eine Handvoll Schriftsteller, die im Frühling 1996 nach Sarajevo eingeladen worden waren, um irgendwie friedensfördernd zu wirken und vielleicht auch um zu berichten, wie es dort jetzt aussah.

Überall blühten die Kirschbäume, schöne, riesige, alte Bäume. Die blühenden Bäume, die zerschossenen Häuser, die Soldaten und die Dichter, das paßte alles überhaupt nicht zusammen. Wir waren, glaube ich, verlegen. Zu Hause hatte man souverän über Gut und Böse geurteilt, aber angesichts verlassener Gärten und in Trümmern liegender Häuser verschwammen einem die Gewißheiten und lösten sich auf. Die Schriftstellermänner versuchten so zu tun, als seien sie Korrespondenten, lässig und kompetent, wie man sie in den letzten Jahren fast jeden Abend im Fernsehen hatte sehen können. Wir beiden Frauen wußten nicht so recht, wie man das macht: die Hinterlassenschaften eines Krieges zu betrachten. Meine Kollegin I., Jahrgang 1930, hatte immerhin schon einen erlebt. Ich nicht.

Im Frühjahr 1945 war auch so schönes Wetter, sagte I., als sei

es eine tröstliche Gewißheit, daß auf Katastrophen ein herrlicher Frühling folgt.
Hellgrün, gelb und weiß waren die Gärten am Rande von Sarajevo und mit flatternden gelben Bändern umgeben, die vor Minen warnten. Was auffiel: Es gab nirgendwo Tiere. Bauerngärten ohne Tiere hatte ich noch nie gesehen, nichts bewegte sich. Kein Huhn, das an Blättchen pickte, kein Hund am Tor, keine Katze auf den verlassenen Strohhaufen. Nur Stille und überall leuchtende Armeen von Narzissen, die triumphierend aufmarschiert waren. Narzissen sind ganz besondere Blumen. In den bosnischen Gärten blühten hauptsächlich die gelben, die auch Osterglocken genannt werden. Von der floralen Industrie werden sie hier bei uns ab Januar als Bündel, knospig, mit angetrockneten Stielenden für ein paar Cent verhökert. Was für königliche Blumen sie eigentlich sind, sahen wir in den verstummten, verlassenen Gärten dieser seltsamen bosnischen Nachkriegszeit. Die Narzissen sahen aus wie Sieger mit ihren gelben Trompeten.
In Sarajevo hatte ich die Wahl zwischen einem sehr teuren Kämmerchen im Hotel Bosna und einem großen Raum in einem halbzerstörten leerstehenden Haus daneben. Platz gab es dort genug, und am Fuß der wackligen Treppe, die zu meinem Reich führte, den Rest eines kleinen Gartens. Hier waren es die weißen, die sogenannten Dichternarzissen, die so stark bis zu mir hinauf dufteten, daß mir der identische Stamm der beiden Wörter Narzisse und Narkose plötzlich klar wurde. Betäubungsmittel aller Art konnte man hier gut brauchen. Nebenan in der Bar des Hotels Bosna, einem mit wilden Kerlen in khakifarbenen Nahkampfjacken, tollkühnen Damen und Rauch überfüllten Ort wie aus einem Vierzigerjahrefilm, wußte man das und trank viel Wodka. Die eigenartige Verlegenheit aber war auch dort zu spüren, man

versuchte sie lärmend zu übertönen und ahnte doch, daß man für dieses Stück den Text nicht konnte.

Sehr früh am Morgen schaute ich aus meinem zerschossenen Eigenheim auf Zeit und sah eine Frau, die einen großen Philodendron in ein Haus auf der anderen Seite der Straße schleppte. Die Balkone der Häuser ringsum sahen aus, als könnten sie nicht einmal mehr einen Vogel tragen – aber sie standen voller bepflanzter Töpfe. Ich erkannte kleine Tomatensämlinge und Rosmarin. Es waren Rudimente, Erinnerungen, Wiedererweckungen von Gärten, die man überall sehen konnte. Man hätte auch Kapitulation in dem Grünzeug vermuten können, ein Sich-Bescheiden nach dem knappen, zornerfüllten Überleben. Das wollte ich aber nicht. Jedes Petersilienbüschel war für mich ein Beweis für die Möglichkeit von Hoffnung.

Der Zoo von Sarajevo grünte verschwenderisch, weiße Blütenwolken schwebten über ihm. Vom Hügel gegenüber sahen die Käfiggitter zart aus, sie störten das Frühlingsbild nicht. Tiere gab es auch hier keine mehr, dafür eine Menge herzzerreißender Geschichten über sie, die ich nicht hören wollte.

Wir hatten alles, sagte unsere Dolmetscherin M. in dem zornigen Ton, in dem viele Menschen hier sprachen. Die schönsten Parks, die beste Bibliothek, die Olympischen Spiele.

Mir schien, als richte sich ihre Wut nicht mehr hauptsächlich gegen die Zerstörer ihrer Stadt, sondern gegen uns, die wir nicht zu begreifen, nicht zu glauben schienen, was sie einst gewesen war.

Nun bedeckten in dieser versehrten Stadt Gräber die Rasenflächen der Parks, Hunderte, Tausende von Gräbern. Wie armselig, immer wieder nach Gärten Ausschau zu halten, dachte ich, als könnten die irgend etwas beweisen, eine Art

Unsterblichkeit vielleicht? Lächerlich. Aber ich konnte nicht anders. So fuhr ich mit einem zerschossenen Taxi allein zurück aufs Land. Den Fahrer hatte ich mir ausgesucht, einen ruhigen, älteren Mann, der ein paar Worte Deutsch sprach. Er trug nicht die von Ausländern bevorzugte Abenteurerkleidung, die aus dem Fernsehen bekannte *war fashion*, sondern einen sorgfältig gebügelten, abgetragenen Sonntagsanzug. Wohin ich wollte? Einfach hinaus, auf die Dörfer, sagte ich. Er fragte nicht weiter und fuhr los.

Dževad Karahasan, der Dichter aus Sarajevo, hat über Gärten geschrieben. Ich las sein *Buch der Gärten* viele Jahre nach dieser Reise. Kluge Gedanken wie die seinen, man müsse die eigene, die Menschennatur, so zähmen, wie ein Garten die Wildnis zähme, fielen mir damals nicht ein, als ich die unter dem blauen Himmel liegenden, mit Minenwarnbändern eingefaßten Bauerngärten wiedersah. Gelb wie die Narzissen waren die Bänder und an den Stellen heruntergerissen, wo jemand eine Handvoll Kräuter, ein paar vergessene Kartoffeln oder Rüben, vielleicht sogar ein versehentlich am Leben gelassenes Huhn geholt hatte. Unter Lebensgefahr, soviel war klar. Man darf nicht mal hinter einen Baum gehen, sagte der Fahrer verschämt, aber auch zornig.

Man konnte die muslimischen Häuser daran erkennen, daß sie vollkommen zerstört waren. Die der anderen waren oft bloß leergeräumt. Die dazugehörigen Gärten dagegen ähnelten einander. Sie zeigten bäuerliche Ordnungen, scheinbar ungerührt. Hohe, über Kreuz gegeneinandergelehnte Bohnenstangen aus dünnen, geschälten Stämmen, Reihen von Beerensträuchern, kurze Stecken für Erbsen oder Buschbohnen. Die Stangen würden wohl nackt bleiben in diesem Sommer, auch die Beerensträucher würden nicht richtig tragen, keiner hatte sie beschnitten. Aber Sonnenblumen und

Salat hatten sich ausgesät, sicher würden viele Einjährige wiederkommen, Löwenmäuler oder Kapuzinerkresse. *Und siehe, wie sie mir und dir / Sich ausgeschmücket haben,* lobt Paul Gerhardt die überlebenden Gärten des Dreißigjährigen Kriegs voll Respekt und Freude. Als er seinen *Sommergesang* kaum zwanzig Jahre nach dessen Ende geschrieben hat, sah er, was wir in den verlassenen Gärten Bosniens sahen: *Narcissus und die Tulipan / Die ziehen sich viel schöner an / Als Salomonis Seide.*

Das tun sie, ob nun einer hinschaut oder nicht. Später im Jahr würde der Mohn überall seine rote Seide herzeigen, auch wenn man ihn zerbombt, niedergebrannt und unter Panzerketten zermalmt hatte. Er verschwindet dann eben und versucht es im Frieden von neuem.

Wo sind denn die Menschen und Tiere, die hierhergehörten? Hätte ich das den wortkargen, freundlichen Taxifahrer fragen müssen? Es war mir unangenehm, daß er mich für herzlos halten könnte. Ich fragte trotzdem nicht. Er setzte vielleicht voraus, daß ich es sowieso wußte.

Bisher hatte ich den Häusern nur flüchtige Blicke zugeworfen und mich an die Gärten gehalten, es ist ja nichts Indiskretes, in einen fremden Garten zu schauen. Häuser aber, deren Innerstes nach außen gekehrt ist, die zuweilen aussehen wie ausgeweidete Kadaver – die anzustarren ist etwas anderes. Man lernt dadurch Menschen intim kennen, ohne daß sie da sind. Vielleicht kommen sie nie wieder. Bestimmt kommen sie nie wieder. Der kleine Plastiktrecker im offenen Hauseingang stand schief wie nach einem Unfall. Drinnen im Haus war es dunkel. Neben der Tür lehnte ein Paar Stiefel. Über dem Zaun hing ein bunter Rock.

Es war furchtbar still, man hörte nicht einmal Vögel, und die überleben doch sonst fast alles. Ich versuchte mich auf die

Blumen zu konzentrieren. Wilde Traubenhyazinthen wie blaue Pfützen, die Schneeglöckchen waren längst verblüht, man sah überall ihre Blätterbündel wie wirre, grüne Haare. Keimblätter malten schnurgrade grüne Linien auf die Beete. Es war krümeliger, dunkler Boden. Guter Boden. An manchen Dachfirsten hingen noch Zwiebelbündel oder eine Art Pfefferschoten, schmale, spitze, in einem unangenehm dunklen Rot.
Was wollte ich finden? Karahasan, der die Verwandlung seiner Stadt Sarajevo in Ruinen erlebt hat, schreibt, er habe manche von ihnen fast rituell aufgesucht, um sich an schöne Tage zu erinnern. Vielleicht ist der Wunsch, Gärten anzuschauen, gleichgültig, wo sie sind und welches Grauen sie überstanden haben, auch eine Art Ritus: Nicht, um sich an schöne Tage zu erinnern, sondern um an ihre Wiederkehr glauben zu können.
Natürlich war das genauso hilflos wie das Gezappel aus Solidarität und gutem Willen, in das wir uns alle verstrickt hatten. Verständnis? Ich war ja nicht einmal imstande zu verstehen, daß nur so, um die Gewehre auszuprobieren, auf Schafe und Kühe geschossen worden war. Massaker an Menschen zu begreifen half kein Fernsehen und keiner der zahllosen Zeugenberichte, die in der Welt herumgeisterten. So fuhr ich weiter an den stillen Bauerngärten vorbei, die alles aufboten, was in ihnen steckte. Der Fahrer sprach kaum mit mir. Es ist mir später noch bei vielen Gelegenheiten begegnet, dieses achselzuckende Schweigen. Wir waren am Ende des Jahrhunderts angekommen, und wieder gab es eine ganze Menge Menschen, die sagten: Wer nicht dabei war, wird es nie begreifen. Unsere Eltern und Großeltern hatten das immer wieder gesagt, und wir verachteten sie dafür. Jetzt sagten es diese Menschen, von denen viele jünger waren als wir. Und

wir wußten, daß sie recht hatten. Der allgegenwärtige Zorn in ihren Stimmen kam daher, daß die Welt ihnen neugierig zugesehen und sich gleichzeitig blind gestellt hatte.
Was wird aus einem derart versehrten Landstrich? Wenn er, dachte ich, wie hier so altes Kulturland ist, wird er einfach ein wenig warten und seine Möglichkeiten bereithalten. Das war immer so, nach allen Kriegen. Die Wildnis traut sich nur zögernd auf generationenlang bearbeitetes Gebiet zurück. Und sie läßt sich bereitwillig von den zurückkehrenden Menschen wieder verdrängen. Selbst Hunderte von Jahren preisgegebene Gärten haben sich unter Brombeeren und Brennesseln wieder hervorholen lassen und ihre alten Strukturen und Schätze gezeigt.
Immer wieder bat ich den Fahrer zu halten, und er hielt mich wahrscheinlich für verrückt, wenn ich über die Absperrbänder in die Gärten starrte. Aber vielleicht machte ihm diese Art von Verrücktheit nichts aus angesichts der anderen, die die Menschen hier mehr als tausend Tage in den Krallen gehabt hatte. Nicht hineingehen, nicht hineingehen, sagte er und machte mich auf Bäume aufmerksam, in die große Löcher gefetzt waren. Die hatte ich vorher nicht bemerkt, aber einmal darauf hingewiesen, sah ich sie überall: die angeschossenen Bäume. Der Fahrer war ein angenehmer Begleiter geworden, der zu begreifen schien, wonach ich suchte.
Sind die Gärten Schatten, die der Paradiesgarten auf die Erde wirft? Jedenfalls erschienen sie mir als Versprechen, als Hoffnung, daß das Zivile siegen würde oder wenigstens das Nützliche. Sie brauchten sie schließlich, auch die bösartigsten Schlächter brauchten sie, und wenn sie aus den Kartoffeln nur ihren Schnaps brannten. Woran würde man die Schlächter jetzt erkennen, da sie trügerische Ruhe gaben? Wir redeten ein wenig, der Fahrer und ich, während wir zwi-

schen flatternden gelben Bändern stille Dorfstraßen entlanggingen.
Man brauche sie nicht zu erkennen, sagte er, man kenne sie ja. Schließlich seien es keine Fremden gewesen. Nicht eine unbekannte und unheimliche Erobererhorde hätte sie überfallen, sondern Nachbarn. Und wenn ich Massengräber sehen wolle, sagte er, könne er sie mir zeigen.
Ich sagte verlegen, daß ich Tausende Gräber in Sarajevo gesehen hätte. Er schwieg, auf eine mich, sein Gegenüber, ausschließende Art.
Wir waren am Beginn unserer sonderbaren Frühlingsreise nach Mostar gekommen und eine Nacht dort geblieben. Die herrliche Brücke war zerstört, aber ein Provisorium verband den Ostteil der Stadt mit dem Westteil. So dumm wir waren, das spürten wir alle: Da war keine Verbindung mehr. Ein winziges Städtchen hatte sich in zwei Teile gerissen, und das fühlte sich so unüberwindlich an wie die Berliner Mauer. Wir seien natürlich im Westteil untergekommen, sagte uns irgendein Offizieller.
Wieso natürlich?
Ja, also der muslimische Ostteil, es sei nicht angeraten, sich dort aufzuhalten. Außerdem gebe es keine Übernachtungsmöglichkeiten. Die westliche Übernachtungsmöglichkeit war eine karge, kalte Stube, die eine geschäftstüchtige Dame für zweihundert Dollar die Nacht vermietete. Über ihre Meinung, was die Leute von der anderen Flußseite anging, ließ sie uns nicht im unklaren. Dorthin zu gehen sei überhaupt nicht notwendig! Ein Städtchen so groß wie Regensburg, hunderttausend Einwohner, Bosniaken, Kroaten, Serben, Albaner und sonst noch allerlei, und ein sorgfältig, geradezu pedantisch aufgeteilter Haß, den die schöne Neretva symbolisieren mußte. 1993 hatten sie ihr die alte Brücke über

dem Rücken weggesprengt, damit alles seine Haßordnung hätte. Ich war froh, als wir Mostar wieder verließen. Seltsamerweise fühlt man sich, wenn man so scharf geschliffenem und gut gepflegtem Haß begegnet, irgendwie dumm. Spät in der Nacht, im Westteil, in einer neueröffneten Kneipe, hockten wir in einer lauten, lustigen und sehr besoffenen Schar von Männern, und irgendeiner von uns sagte leise: Das sind vielleicht alles Mörder. Sie waren sehr freundlich zu uns, und wir konnten gar nicht so viel trinken, wie sie uns ausgaben.

In Sarajevo waren wir dann unter uns, mehr oder weniger, angenehm untergegangen in der Masse von IFOR-Leuten, Korrespondenten, Photojournalisten, Hilfsorganisatoren, merkwürdigen Unternehmern aller Art und der ganzen üblichen Marketenderei des modernen Krieges. Jeder wußte Bescheid, jeder konnte einem alles erklären, und unsere Jungs stürzten sich – auch sie hatten schon das eine oder andere Schlachtfeld besucht – leidenschaftlich in politische und strategische Diskussionen. Aber ich wurde mir immer fremder mittendrin, irgendwie sprachen plötzlich alle wie Friedhelm Brebeck, die heisere deutsche Stimme des belagerten Sarajevo. So ging ich in meinen nebenan gelegenen Trümmerpalast und freute mich, wenn das Wasser lief. Manchmal ging sogar die Heizung. Die Nächte waren noch kalt. Wenn keiner hinsah, goß ich die weißen Narzissen und das andere Grünzeug. Daheim hätte ich Holunder, zweifarbigen Efeu und die Kanadische Goldrute, die ihre hellgrünen Blattbüschel schon stolz zeigte, nicht sonderlich geschätzt. Hier sah ich ihre Schönheit und versuchte ihnen Gutes zu tun. Eine kleine Schar Spatzen versetzte mich in einen Glückszustand. Die Vögel der Aphrodite!

Die wenigen Tage, die wir noch blieben, nutzte ich immer

wieder dazu, nach solchen Oasen in der Stadt Ausschau zu halten. Wir hatten Ausstellungen eröffnet und Reden angehört, es war gemeinsam gegessen worden, und man hatte in einem kalten Saal ein wunderbares Cellokonzert besucht und immer wieder allerlei Pläne gemeinsamer Aufbauarbeit geschmiedet. Wir redeten mit Leuten, wir versuchten uns vorzustellen, was sie erlebt hatten, wir hörten sehr aufmerksam zu, wenn sie erzählten, was es bedeutet, belagert und beschossen zu werden. Manchmal schien es sogar, als schwände die Erbitterung in den Stimmen, als begegneten wir nicht immer wieder zum Schluß dem achselzuckenden Verstummen: Ihr versteht nicht. Keiner, der es nicht erlebt hat, versteht. Manchmal gestanden sie uns ein Begreifen zu. Dann waren wir stolz, als hätten wir was geleistet. Sie zeigten uns andere Gärten, jene, die man laut einem arabischen Sprichwort in der Tasche tragen kann und die auch Hoffnung machten: gerettete Buchbestände. Kisten voll Bücher, in Kellern, auf mit Brettern vernagelten, zugigen Hochhausfluren. Auch diese Gärten würde man nicht am Wachsen hindern können. Ich wollte aber noch einmal aufs Land. Irgend etwas wartete da auf mich, etwas anderes als unsere ungelenken Versuche, Nähe zu simulieren. Mein zerbeultes, durchlöchertes Taxi fand ich am üblichen Platz, den mittlerweile vertrauten Begleiter auch. Er lächelte sogar, und seine Kollegen riefen irgendwelche Sachen, die ich gottlob nicht verstand. Wir fuhren aus der Stadt, noch immer war herrliches Wetter, und noch immer redeten wir nicht viel. Er nahm einen neuen Weg, die Gegend kannte ich noch nicht. Sie ähnelte den vorigen: bäuerlich, blühende Gärten, zerstörte Häuser. Da, sagte er. Ich schaute auf eine offenstehende Kellertür, die knallblau gestrichen war. Offenbar frisch gestrichen. Das einstöckige Haus sah ziemlich mitgenommen aus, aber die unverschämt blaue Tür sagte: jetzt grade. In Sarajevo waren mir die vielen Keller aufgefallen, in denen Frauen mit einem uralten Fön, geschenkten Make-up-Proben und ein paar Lippenstiften Schönheitssalons aufgemacht hatten. Weise, wie sie waren, wußten sie, daß gleich nach dem Überleben das Schön-sein-Wollen kam. War hinter der blauen Tür auch so ein wunderbares Institut? Das Geheimnis der blauen Tür blieb ungelüftet, aber das machte mir nichts aus. Auf einer zertrümmerten Terrasse, ein paar Straßen weiter, sah ich hinter dem gelben Minenband einen alten Mann sitzen. Er war der erste Mensch, den ich in den leeren Dörfern sah, der erste Rückkehrer, und ich konnte mich nicht satt an ihm sehen. Irgendwoher hatte er einen Küchenstuhl geholt und ihn auf dieser Terrasse in die Sonne gestellt, auf den Knien hielt er ein Holzbrettchen, auf dem ein Stück Speck lag. Davon säbelte er mit seinem Taschenmesser etwas ab, aß es und schaute dabei in den Garten, der sich um ihn ausbreitete. Neben ihm saß eine dünne Katze, der er dann und wann ein bißchen Speck abgab. Er wandte langsam den Kopf hin und her, zu uns schaute er nicht, obwohl wir weit und breit die einzigen Menschen außer ihm waren.

Kennen Sie ihn? fragte ich den Fahrer.

Der schüttelte den Kopf. Wir hatten angehalten, auf der anderen Straßenseite, etwas weiter weg, damit sich der alte Mann nicht belästigt fühlte.

Als ob den noch etwas belästigen könnte, sagte ich, und der Fahrer nickte.

Ich hatte nie zuvor einen Menschen gesehen, der so ganz bei sich und für sich zu sein schien wie dieser alte Mann mit seinem Stück Speck, zwischen Trümmern und blühenden Gärten.

Goldener Boden

»Die alte Liebste / jenseits des Flusses / ist nicht gestorben / sie grünt wie Zweige.« Alfonsina Storni

Es war ein Streifen Erde aus purem Gold, der sich von der Parkstraße zur Albanusstraße erstreckte, aber das wußte ich damals nicht. Die Gärtnerin, die ihn bearbeitete, wußte es wahrscheinlich, zog aber vor, nicht darüber nachzudenken.
Zukunft gibt's nicht, sagte sie. Wenn sie da ist, ist es schon keine mehr.
Um diese schlichte Erkenntnis herum sind ganze Urwälder von Philosophie gewachsen. Als ich ihr das mit der Arroganz meiner gymnasialen Oberstufe sagte, antwortete sie: Davon wird's nicht falscher.
Sie hieß Anni und war viele Jahre lang meine Freundin. Die kleine Gärtnerei mitten in einem Neubaugebiet im Vordertaunus hatte sie von ihren Eltern geerbt. Sie betrieb sie allein. In der Nachbarschaft verkrochen sich noch feudale Vorkriegsvillen in großen Parks, an deren Rändern schon die Spekulanten knabberten. Es war die Zeit, da eine ganze Zeit verschwand.
Annis Eltern hatten als Gärtnerehepaar in einer dieser Villen gearbeitet und bekamen in den zwanziger Jahren des letzten Jahrhunderts, ungeplant und wohl ungewollt, eine Tochter. Anni blieb das einzige Kind und hatte einen Park, in dem sie spielen durfte, wenn sie unhörbar und unsichtbar blieb. Sie wurde eine große Meisterin des Alleinseins, das war sie jedenfalls, als ich sie kennenlernte.
Ich besuchte sie oft, ein paar Meter von unserem Haus entfernt war am oberen Ende der Gärtnerei ein verrostetes Tör-

chen, das wurde meins. Ein schmaler Weg führte an alten Glashäusern vorbei, zwischen Gemüsebeeten rechts und Blumenbeeten links hindurch bis hinunter zum kleinen Wohnhaus, neben dem im Frühling Dutzende von tieflila und weißen Fliederbüschen die Vorübergehenden mit ihrem Duft zum Taumeln brachten. Es gab Sommerapfel-, Mirabellen-, Pflaumen- und Kirschbäume. Alles wurde ordentlich geerntet und verkauft, zu sehr moderaten Preisen. Mirabellen wollte allerdings niemand haben, wir nannten sie die gelbe Gefahr, weil es so viele von ihnen gab. Wenn sie reif waren, mußte man aufpassen, daß einem nicht jemand heimlich Körbe voll vor die Tür stellte.

Anni war wohl etwas älter als meine Mutter – ihr genaues Geburtsjahr erfuhr ich nie –, eine kurze, rundliche Gestalt, ein rundes, immer gebräuntes, faltenloses Gesicht mit kleinen, eindringlichen Augen. Sie hatte lange, graue Haare, die sie in einem geflochtenen Knoten trug. Ihre Haare waren sehr dünn. Ich habe sie bis auf zwei- oder dreimal nie anders als in graubraunen oder blauen Hosen gesehen, ihr ganzes Wesen schien zu sagen: Es ist mir vollkommen egal, ob man mich sieht. Es ist nicht nötig, gesehen zu werden. Dennoch fiel niemandem ein, sie zu übersehen, und sie wurde mit Respekt, wenn auch ein wenig unsicher behandelt. Die feinen Damen, die bei ihr Gemüse kauften – Blumen lassen sie sich aus der Stadt schicken, sagte Anni –, schienen nicht genau zu wissen, wie sie mit ihr reden sollten. Hochnäsigkeit prallte an ihr genauso ab wie Leutseligkeit, sie vermochte ironisch zu sein, ohne daß ihr Gegenüber sicher sein konnte, daß sie es war. Sie sprach hochdeutsch.

Ich fing an, stundenweise bei ihr auszuhelfen, es war die einfachste Möglichkeit, sie näher kennenzulernen. Bald ging ich fast jeden Tag gleich nach der Schule durch das obere

Törchen. Ich lernte pikieren, eine Arbeit von so betörender Stumpfsinnigkeit, daß ich sie heute noch liebe. Samen waren in Schalen gesät worden, es sproß bald dicht an dicht. In Holzkisten wurde Erde gefüllt, gut angedrückt, Löcher in gleichem Abstand mit dem Pikierholz hineingebohrt – und dann kam der heikelste Teil. Mit dem spitzen Pikierholz mußte man Büschel von Sämlingen aus der Saatschale lösen und sie mit ihren fadenfeinen Würzelchen und dünnen Beinchen unverletzt und einzeln in die Löcher senken – andrükken, aber nicht zerquetschen –, und wenn der Kasten voll war, ganz sanft angießen. Wenn man das richtig gemacht hatte, entstand in wenigen Tagen ein dichter Pelz aus fetten, stabilen Pflänzchen, graugrün die Kohlrabi, maigrün der Salat, mattgrün die Tomaten. Federfein Cosmeen und Dill, pelzig Gurken, Kürbis und Zucchini, fast ölig die Auberginen. Keines glich dem anderen, ich lernte, wie man Pflanzen schon in ihrer frühesten Kindheit auseinanderhält. Und wieviel Arbeit sie machten. Wenn Anni dann die Setzlinge, in Zeitungspapier gewickelt, für Pfennige verkaufte, fand ich das viel zu billig. Darüber lachte sie. Mit Ungerechtigkeit war sie aufgewachsen, das war etwas ganz Normales. Am besten ließ man sich mit niemandem ein und blieb an seinem Platz.

Die Anni ist eine Dame, sagte meine Mutter respektvoll.

Deine Mutter ist eine echte Dame, sagte Anni zu mir.

Sie hatte einen strengen Schönheitssinn, der völlig abstrakt war. Das heißt, sie erkannte unfehlbar Eleganz, Raffinesse oder Prächtigkeit, liebte das alles auch, machte aber keinen Versuch, sich etwas davon anzueignen. Das Innere ihres Häuschens war ärmlich, häßlich und zweckmäßig. Die Textur des Küchentischs, schrundiges, von tausend Messerschnitten zernarbtes braunes Linoleum, sehe ich heute noch vor mir. Ein Kohleherd, Stühle, ein schmutzigweißes Küchenbuffet, verblichene Decken und Kissen für die Katzen. Von denen gab es eine ganze Schar. Ein paar zähe und pragmatische, die ihrer Besitzerin glichen, überlebten die nahe Hauptstraße und ein Dutzend Katzenseuchen und wurden alt. Einmal sah ich ihr Schlafzimmer im ersten Stock, es war genauso desinteressiert karg wie der Rest des Häuschens. Ihr einziger Wandschmuck war der Jahreskalender von der Sparkasse. Sie war nicht ordentlich, auch nicht in ihrem Garten – nur soweit es die Nützlichkeit erforderte. Also grade, nicht zu breite Beete, hohe Stauden in der Mitte, niedrigere am Rand, bequeme Trittwege, gezähmtes Unkraut. Wenn ihr eins gefiel, ließ sie es stehen, besonders an verrückten Plätzen. Eine riesige Distel hatte sich mitten auf dem Hauptweg, der ihr schmales Grundstück teilte, angesiedelt. Sie wurde übermannshoch und verzweigte ihr Stachelgerüst meterbreit, ehe sie es mit unzähligen lila Blüten schmückte. Und bunt wie fliegende Juwelen kamen Dutzende von Distelfinken, um die Samenkapseln abzuzupfen. Das Ökologische – das Wort war noch neu – interessierte sie gar nicht, niemals hätte sie wegen irgendwelcher Raupen Brennesseln stehenlassen. Es ging ihr um Schönheit.

Im Frühjahr belieferte sie die besseren Blumenläden in der Stadt mit Primelsträußchen. Das hieß, am Rand des Beetes knien, mit zwei Fingern so tief wie möglich in die Blattnester greifen, damit die Stiele nicht zu kurz waren, fünfzehn Blütchen in verschiedenen Farben, sieben möglichst fehlerfreie Blätter drum herum, ein Bastfädchen und ab in eine Schüssel mit kaltem Wasser. Und das so lang, bis auf dem Beet nur noch Knospen, die sich in den nächsten Tagen öffnen würden, übrig waren. Dann saßen wir einträchtig am Küchentisch, kontrollierten die Bukettchen, schnitten die Bastfadenenden ab und ersetzten manchmal ein fleckiges Blatt durch ein neues, makelloses. Im Kofferradio liefen Schlager, und wir tranken gespritzten Apfelwein, selbstgekelterten. Anni redete, ich hörte zu. Manchmal war es umgekehrt.

Mir hat ja niemand was vom Leben erzählt, sagte sie. Und daß sie schon dreißig gewesen sei, als einer sie verführt habe.

Hinten im Garten, endlich! sagte sie und lachte.

Der Liebhaber war verheiratet und um einiges älter als sie. Die Sache, die er ihr beigebracht hatte, gefiel ihr gut. Sie wollte mehr davon.

Wenn sie über die Liebe sprach, tat sie es in einem trockenen Ton, als spräche sie über Pflanzpläne fürs nächste Jahr oder die Wasserkosten. Ich war noch altersbedingt romantisch vernebelt und verstand sie nicht. Dabei war es ganz einfach: Sie war sehr spät hinter eine wunderbare Sache gekommen, die ihr großes Vergnügen bereitete. Warum also darauf verzichten? Man hätte denken können, daß in dem kleinen und mißtrauischen Kaff über sie geredet würde – aber niemand bemerkte etwas von Annis nächtlichem Gartenleben. Es wäre ihr auch gleichgültig gewesen, sie gab nichts auf die Leute. Sie bemühte sich überhaupt nicht um Geheimhaltung, deswegen gelang sie ihr perfekt. Auch als sie anfing, junge Untermieter in ihr Häuschen zu nehmen, fand das jeder vollkommen normal. Es wäre nicht einmal den schandmäuligsten Dorfschwätzerinnen eingefallen, die kleine, gegerbte Frau mit dem grauen Dutt in Verbindung mit sommernächtlichen Leidenschaftsausbrüchen zu bringen.

Die Untermieter wechselten, aber ihren ersten Liebhaber behielt sie. Ich weiß nicht, ob er etwas ahnte. Anni verstand zu schweigen wie niemand anderer, den ich kannte. Sie war vollkommen frei vom Wunsch nach Wahrnehmung, nach Sichtbarkeit, nach gesellschaftlicher Anerkennung welcher

Art auch immer. Sie war die Gärtnerin. Einen anderen Boden als ihren eigenen brauchte sie nicht.
Ihre Beziehung zu Blumen war aristokratisch. Rustikalität mochte sie nicht, die beliebten bunten Sträuße, die aussehen sollten wie einmal durch den Garten gewandert, fand sie ordinär. Ikebana, das damals als eine Art florales Sushi zum Hausfrauenhobby wurde, fand sie albern. Sie züchtete mächtige Gladiolen für strenge Sträuße, grade, einfarbige Tulpen liebte sie, aber auch Dahlien, die Kurt Tucholsky als *Georgine, die ordentliche Blume,* sehr zu Recht feiert.
Besonders gern stellte sie sich gärtnerischen Herausforderungen, so dem Wunsch eines edlen Blumengeschäfts in der Stadt nach langbeinigen blauen Hyazinthen. Hyazinthen als Schnittblumen, nicht nur im Glas mit Papierhütchen drauf, das war neu und spannend. Wir experimentierten mit Dunkelheit und Licht, deckten die keimenden Zwiebeln immer wieder ab – mußte man viel oder wenig Wasser geben? Schließlich konnte Anni stolz bündelweise tiefblaue Hyazinthen mit hinreichend langen Beinen liefern.
Sie brachte mir nicht nur pikieren, Primelsträußchen im Akkord binden und richtiges Jäten bei, sondern auch, wie man Tulpen erntet. Nein, nicht abmäht, wie sie das in Holland machen mit ihren endlosen Tulpenfeldern – unsere waren schließlich Individuen, und es galt, ihnen die Chance aufs Wiederkommen im nächsten Jahr nicht zu nehmen. Seit Urzeiten, lange bevor Annis Eltern die Gärtnerei bewirtschaftet hatten, wuchs im oberen Teil des Grundstücks, nahe meinem Törchen, eine kleine Armee von Tulpen. Sie kamen – obwohl Tulpen durch ihre Tochterzwiebeln eigentlich ja wandern – jedes Jahr in militärischer Ordnung wieder, parademäßig aufgestellt, ein seltsamer und lustiger Fremdkörper im Garten. Ähnlich der Schweizergarde waren sie gelb-rot gestreift, was

zu ihrem Auftritt paßte. Anni brachte mir bei, die Stiele ganz grade von oben mit einem sanften, aber nachdrücklichen Ruck so aus der Zwiebel zu ziehen, daß die an ihrem Platz in der Erde blieb. Diese merkwürdig martialisch daherkommende Blumenerbschaft war nicht ihr Geschmack – sie bevorzugte schwarze Tulpen oder rein weiße, die ich beide abscheulich finde –, aber wir verkauften sie gut. Niemand wußte, wie die Sorte hieß. Aber ich habe solche wie sie auf den Blumenbildern des Jan van Huysum gesehen, wo sie in der unglaubwürdigen Gesellschaft von Pfingstrosen und Lilien auftreten. Und in einem Gedicht von Ewald von Kleist kommen sie vor, genau diese muß er gemeint haben mit den Worten: *Hoch über streifige Tulpen – / O Tulipane, wer hat dir / Mit allen Farben der Sonne / Den offnen Busen gefüllet? –*

Dreimal habe ich in Annis Gärtnereigarten die Jahreszeiten kommen und wieder gehen sehen. Auch die Untermieter kamen und gingen, einer aber blieb länger als die anderen. Er war ein rotblonder, fuchsartig aussehender Typ mit spitzer Nase und frechem Maul. Anni fütterte ihn mit Erdbeerkuchen und Schinkenbroten. Er war nicht hübsch, aber er hatte etwas Desperadohaftes, das uns beiden gefiel. Ich könnte mir vorstellen, daß er eins von den früh erwachsenen Kriegskindern gewesen ist, die mit acht oder neun geklautes Buntmetall oder Zigaretten verhökert hatten und sich im Frieden nicht recht zu Hause fühlten. Damals gab es wohl viele wie ihn. Altersmäßig stand er zwischen mir und Anni. Ich glaube, daß sie mit ihm der Liebe so nah gekommen ist, wie ihr überhaupt möglich war.

Als er verschwand, redete sie eine Zeitlang kaum etwas, dann fanden die Wörter langsam wieder zu ihr zurück, aber nur Gartenwörter. Sie plante, ihren Fliederhain zu roden.

Bist du verrückt geworden? sagte ich.

Man kann den Boden besser nutzen, antwortete sie. Flieder lohnt sich nicht. Nur der aus Treibhäusern, der frühe.
Sie tat es dann doch nicht und begann sich wieder zu gleichen. Untermieter nahm sie nur noch monatsweise auf.
Wohin wirst du nach dem Abi gehen?
Sie sprach das Wort Abi zögernd aus, hätte lieber Abitur gesagt. Abitur war für sie ein magisches Wort, das goldene Lebenstor, an das für sie nicht zu denken gewesen war, das sie mir aber nicht neidete.
Weg, sagte ich.
Unsere gemeinsame Zeit neigte sich dem Ende zu, das wußten wir beide. Was nur sie wußte, war, daß die Tage ihres Gartens gezählt waren.
Sie hatte ihren inzwischen verwitweten Altgeliebten geheiratet, auf ihrer Hochzeit trug sie ein dunkles Kostüm, ich sah zum erstenmal ihre Beine. Vom Ehestand ließ sie sich aber nicht ihr Leben verderben, sie machte weiter wie bisher. Ihren Mann sah ich selten. Er war auch Gärtner, schweigsam und knorzig, mitarbeiten ließ sie ihn in ihrem Garten nicht.
Mann und Frau im Garten tut kein gut, sagte sie. Die Männer ziehen immer in den Krieg, gegen Läuse, gegen Unkraut, gegen falsches Saatgut, gegen das Wetter, was weiß ich. Unsereins redet dem Land gut zu, bis es macht, was wir wollen.
Ihre Überredungskunst führte zu wunderbaren Ergebnissen: Blumenkohlköpfe so weiß wie Wolken, halbmeterlange, saftige Stangenbohnen, Salate mit dicken, zartgelben Herzen – am berühmtesten aber waren ihre Tomaten. Solche wie ihre hatte Gott gemeint, als er die Tomaten erschuf. Sie heißen in Österreich Paradeiser und woanders auch Paradiesäpfel, und wenn man in Annis Gewächshaus eine pflückte und hineinbiß, wußte man, warum.

Aber die Zeichen mehrten sich, daß man Annis Garten für eine Verschwendung von kostbarem Grund und seine blühenden und früchtebringenden Quadratmeter für eine begehrenswerte Beute hielt. Die großen Parks mit den unzeitgemäß feudalen Häusern waren längst leer geräumt, aufgeteilt und vollgebaut worden mit dem, was die Makler Taunusresidenzen nannten. Die bestanden aus zusammengedrängten Herden von postmodernen Reihenhäusern, Gartenstreifchen drum herum, fertig. Pflegeleicht, das Wort kam damals auf. Schließlich wollten es, wie der damalige Bürgermeister der Gemeinde sagte, alle Menschen schön haben. Das sei demokratisch.

Ich hatte das Abitur bestanden und wollte weg. Anni wurde Witwe und trug zum Begräbnis ihres ersten Liebhabers das gleiche dunkle Kostüm wie zu ihrer Hochzeit mit ihm.

Was danach mit ihr geschah, hörte ich nur bruchstückhaft. Wenn ich zu Besuch nach Hause kam, stand mein neues Leben und was ich damit anfangen würde im Vordergrund. Aber meine Mutter hielt mich auf dem laufenden: Annis Grundstück, der wunderbare Streifen Land, war ein Erbpachtgrundstück, so daß es für die Interessenten nicht schwer gewesen sein kann, ihr das alte Häuschen abzuschwatzen. Auch der Bürgermeister, der von seinem Bestreben, es allen Menschen schön zu machen, nicht abließ, redete ihr zu: Sie werde nicht jünger, die Arbeit sei schwer und die angebotene Ersatzwohnung im Dorf ein Paradies.

Er hat ja recht, sagte sie, und zu meinem Erstaunen schien sie über die plötzliche Aufmerksamkeit geschmeichelt.

Wir saßen an ihrem schartigen Küchentisch und tranken Apfelwein, draußen zeigte die Erde noch einmal alles, was sie konnte, in schönster Fülle.

Wahrscheinlich ist es Zeit, sagte Anni. Sie war nicht zornig,

hielt nicht fest und zeigte keinerlei Kampfeslust. Das konnte ich nicht verstehen. Für mich war sie mit diesem Streifen Erde, auf Gedeih und Verderb, für immer verbunden.
Hast du eigentlich noch Untermieter? fragte ich.
Klar, sagte sie und lächelte ein bißchen. Warum nicht? Solange es noch geht. Der jetzige hilft mir im Garten.
Mann und Frau im Garten tut kein gut, sagte ich und lachte.
Das ist was anderes, antwortete sie ernst. Der hier macht, was ich sage.
Schau dich noch mal um, sagte sie nach einem kleinen Schweigen.
Und dann wollte sie alles über die Uni wissen, über Professoren und Kommilitonen.
Als ich das nächste Mal zu Hause war, sagte meine Mutter: Komm mit.
Wir gingen durch das rostige Törchen, es war Herbst, die meisten Beete ordentlich abgeräumt. Ganz unten am Ende des Grundstücks lag ein zusammengeschobenes Schutthäufchen. Das war von Annis kleinem Haus übriggeblieben. Wir heulten beide.
Hat sie die Katzen mitgenommen? fragte ich.
Die, die sich haben mitnehmen lassen, sagte meine Mutter. Ich stelle Futter hin, für die anderen. Sie hatte zum Schluß nicht mehr so viele wie früher.
Ich war wütend über die Gottergebenheit, mit der meine alte Freundin sich hatte vertreiben lassen. Natürlich verstand ich damals überhaupt nicht, daß irgend etwas, das man liebt, zu einem Ende kommen kann. Und daß man sich damit abfindet, weil das, womit man sich letztlich abfinden muß, noch viel größer und dunkler ist.
Ich hörte nicht zu, als mir nur wenige Monate später meine Mutter von abgeholzten Obstbäumen, zertrümmerten Glas-

häusern und anrückenden Baumaschinen berichtete. Ich wollte nichts davon wissen. Ich lebte ganz woanders.

Aber eines Tages kam ich nach Hause zurück und sah, was auf Annis goldenem Boden in der Zwischenzeit gewachsen war. Das Ideal unseres Bürgermeisters war erreicht, Haus reihte sich an Haus, sie hatten kleine Säulen an den Eingängen und waren einander so nah, daß sich die Bewohner gegenseitig die Nudeln in der Suppe zählen konnten. Nun hatten sie es allesamt gleich schön.

In einem der winzigen Vorgärten hatte sich eine gelb-rot gestreifte, tapfere Tulpenschar gehalten, in militärischer Formation.

Die Garde ergibt sich nicht, sagte meine Mutter und lachte.

Anni lebte nur noch wenige Jahre.

Die Gärten der Misanthropen

»kein Baldachin rot, noch ein dicht / Zedergewölb wird verstekken euch, / weder Tanne / noch Ficht« Hilda Doolittle

Von der Misanthropie gibt es mindestens so viele Varianten wie von Rosen oder Glockenblumen: Misanthropen von Geburt und aus Erfahrung, also ererbte und erworbene Misanthropien, akute sowie chronische. Allerdings bestreite ich, daß es sich um eine Fehlhaltung oder Krankheit handelt. Es ist lediglich eine Form, mit dem Leben und damit auch mit dem Garten umzugehen. Wie groß oder klein der auch sein mag: Seinen Grenzen wird die größte Aufmerksamkeit der misanthropischen Gärtner geschenkt, sein Inneres, das Herz, kommt später – wenn überhaupt. Oft bleibt es leer.

Der Misanthrop liebt lebende Mauern. Dornig müssen sie sein und so hoch, daß man weder in den Garten rein- noch aus ihm rausschauen kann. Tausend wehrhafte Pflanzen hält die Natur zum Mauerbau bereit, und wie effizient die sind, zeigt die legendäre, bis zu fünfzig Meter breite lebende Grenzbefestigung aus dem Mittelalter, das Gebück, von dem im Rheingau noch mächtige Reste zu sehen sind. Weder Pferd noch Wagen, noch Streitmacht konnten überwinden, was da aus Weißdorn und Rotbuche, Brombeeren und anderem Dornenzeug gewachsen war und sich undurchdringlich verschlungen und verbunden hatte.

Im Kleingarten ist es prinzipiell dasselbe, statt gegen Eroberer geht es gegen jeden zweibeinigen Eindringling. Wieviel Erfindungsreichtum und Beharrlichkeit in Schutzhecken steckt, kann der Vorübergehende nicht erkennen. Er gehorcht ja unbewußt dem stummen Befehl der Pflanzen: Schau nicht rein.

In England sieht man gelegentlich wunderschöne Heckenkunstwerke, die von ihrer Mischung aus Unordnung in der Pflanzenauswahl und Strenge durch einen unerbittlichen Schnitt geprägt sind. Das ergibt bunt gestreifte Wände aus Berberitze, Buchs, Buche in allen Farben, Weiß- und Rotdorn, manchmal durchzogen von den fast schwarzen Äderungen des Taxus. Wahrscheinlich ist es gar nicht einfach, eine solche Hecke hochzuziehen, denn man muß mit dem Schnitt immer wieder für kleinteilige Verzweigung sorgen, damit die Fläche aus Blättern in allen Größen und Nadelhölzern eine farbige, aber einheitlich plan wirkende Front ergibt. Bei uns sieht man solche Hecken sehr selten, vielleicht sind sie den hiesigen misanthropischen Gärtnern zu anspruchsvoll und anarchistisch. Lieber Thuja oder Taxus, ganzjährig geschlossen. Hainbuche gibt im Winter zuviel preis.
Aus der Vogelperspektive sieht das wahrscheinlich interessant aus: Zwischen den Karos der Felder und den Kontinentformen der Wälder, den Flickenteppichen der Kleingärten und den Steinadern der Städte hocken immer wieder buschige kleine Ich-Inseln in merkwürdigen Formen, geerbte oder zusammengesparte Grundstückchen, oft in schwieriger und bedrängter Lage. Abgrenzen tun sich ja alle. Die Misanthropen aber verbergen sich in ihren Gartenkokons und basteln lebenslang, Schicht um Schicht, an deren Undurchdringlichkeit.
Der erste Gärtner dieser Art, den ich kennenlernte, war ein Nachbar, der Herr Hildesheimer hieß. Heute weiß ich natürlich, daß es mit diesem Namen für ihn eine Menge Gründe gegeben haben mußte, sich nach seinem Davongekommensein ins Volk der Misanthropen zu flüchten, jener sonderbaren Gemeinschaft, die letztlich immer recht behält. Wie er lebte, was bei ihm wuchs, ob seine Behausung ein Palast, eine

Hütte oder irgendwas dazwischen war, konnten wir Kinder trotz langer Hälse und mancher von Dornen vereitelter Einbruchsversuche nicht herausfinden.
Damals wußten wir nur: Er liebt Brombeerhecken und kann Kinder nicht leiden. Das veranlaßte uns zu einem Experiment. Ein großer Kirschbaum wuchs an Herrn Hildesheimers Grundstücksgrenze. Er stand da, von feindseligem Gesträuch und Gebüsch flankiert, blühte jedes Frühjahr überschwenglich und warf im Sommer Kirschen zu uns rüber. Das gefiel seinem Besitzer nicht, jedenfalls sahen wir ihn manchmal grimmig über das undurchdringliche Gebüsch schauen. Oder war sein Gesicht traurig und einsam? Das hätte aber nicht in unsere Geschichte gepaßt. Kinder brauchen immer einen Feind, er war unserer, basta.
Zu den zahlreichen Mythen der Kindheit über die Macht der Ohnmächtigen – also über die Verheerungen, die man auch als ganz Kleiner an ganz Großen anrichten kann – gehört die Geschichte von den Kupfernägeln, mit denen man starke Bäume in kurzer Zeit zum Sterben bringen kann. Ich weiß bis heute nicht, ob das wirklich stimmt. Aber Tatsache war: Manfred Stichel, meine erste große Liebe, besorgte einen Kupfernagel, wir hauten ihn durch den Zaun hindurch dem Kirschbaum in den Stamm, und im nächsten Jahr starb er. Wir Kinder schauten ihm fasziniert und entsetzt dabei zu und wußten: Das waren wir. Wir hatten unserem Feind gezeigt, wozu wir imstande waren.
Aber dieser Frühling war nicht wie die anderen: Ich drehte den Kopf weg, wenn ich auf dem Weg zur Schule an dem vertrocknenden großen Baum vorbeikam, nachts mußte ich manchmal heulen, und Manfred Stichel liebte ich nicht mehr.
Herr Hildesheimer ließ die Baumleiche stehen, ohne sie mit

tröstlichen Kletterrosen oder Waldreben zu bemänteln. Wir zogen bald weg.

Der Misanthropengarten ist der geheimnisvollste unter allen Gärten, wahrscheinlich auch der authentischste. Wenn man sich die Penetranz betrachtet, mit der Gartenmoden, -stile, -pflichten, -accessoires jedem, der auch nur zwei Quadratmeter Boden sein eigen nennt, aufgedrängt werden, beneidet man die hinter ihren lebenden Mauern verborgenen Skeptiker und wünscht sich manchmal an ihre Stelle. Nie mehr müßte man das hochnäsige Grinsen der Frau X. ertragen, wenn sie sich über unseren kümmerlichen Phlox beugt, niemals mehr Herrn Y. den Giersch an den Hals wünschen, wenn er uns über richtiges Mulchen belehrt oder den Kopf über unsere Gartengeräte schüttelt. Der als Erfolgsbeweis in Mode gekommene Garten erscheint dem Misanthropen als Ausbund von Verächtlichkeit, denn er hält niemanden für wert, einen Blick ins Innere zu tun: weder in seins noch in das seines Gartens. Warum sich zeigen? Warum Anerkennung in den Blicken des Gegenübers suchen?

Und so sitzt er vielleicht in seiner Hütte, deren Farben der Regen längst weggewaschen hat, unser Menschenfeind. Vielleicht hat er sich einen Château Petrus geleistet – Misanthropen haben ja weniger Unkosten als Leute, die aufs Urteil ihrer Umgebung Wert legen –, und vielleicht liest er Schopenhauer oder Jean Paul. Es könnte gut sein, daß er einen Papagei hat. Seine Rosen sind struppig, seine Erdbeeren teilt er mit einer Schar Schnecken – oder er hat sich einen geometrischen Irrgarten aus Buchs zurechtgeschnitten, in dessen Innerstem er auf die Welt pfeift. Was für ein Leben!

Im großen Stil läßt sich das heutzutage schwer verwirklichen. Ein misanthropischer Park setzt gewisse Feudalstrukturen voraus, die nur noch für sehr viel Geld zu haben sind.

Das Schild »Privat! Kein Durchgang!« beeindruckt in Zeiten öffentlicher Gartenbegehungen, Sommerfestivals und Verkaufsshows das Publikum nicht sonderlich. Selbst die knurrigsten Schloßherren und Parkbesitzerinnen sind zu demokratischem Dauergelächel verurteilt, müssen Gartenzeitungsredakteurinnen Rede und Antwort stehen und sich dreihundertmal fragen lassen, womit sie ihre Rhododendren düngen. Also verzieht sich der Misanthrop und sein selteneres weibliches Pendant lieber in verstecktere Ecken, zwischen Bahngleise und in Hinterhöfe.
In Kleingartenanlagen allerdings sind sie fehl am Platz. Zwar gibt es fast in jeder einen Vertreter der Spezies, aber sie spielen dort die Rolle des belächelten oder bekämpften Außenseiters. Meistens haben Misanthropen ihren Schrebergarten von jemandem geerbt. Und wenn sie gedacht haben, sich nun dort der Einsamkeit nicht wie gewohnt in vier Wänden, sondern zwischen Hecken hingeben zu können, haben sie sich geirrt. Über denen pflegen Köpfe zu erscheinen, aus deren Mündern Maßregeln quellen. Bepflanzung, Pflege, Höhe der Hecken: Alles ist Vorschrift! Angeblich soll das in Zeiten moderner Libertinage besser geworden sein, aber das glaube ich nicht. Es haben sich nur die Gesetze geändert, nicht ihre Sachwalter. Der gleiche, der vor zwanzig Jahren die Insektizidspritze anmahnte, fordert jetzt Ohrenhöhlernestchen. Dem misanthropischen Gärtner wird dreingeredet, so oder so, und das haßt er. Kleingartenanlage heißt soziale Kontrolle, wie sie feingesponnener gar nicht sein kann. Jener *hortus conclusus* eigener Art, der sich hinter seinen lebenden Mauern nicht vor der Welt schützt, sondern sie negiert, gedeiht am besten auf Brachen oder mitten in der Stadt, wo ihn keiner vermutet. Und oft entsteht er wie zufällig, als Ziel eines langen und mühsamen Weges.

Ponelle war ein entlassener Fremdenlegionär. Als Schrotthändler, Antiquitätenfälscher, Schmuggler und Kopf einer Gruppe zynischer und trinkfester Männer gehörte ihm ein interessanter Misanthropengarten, den man nur sehen konnte, wenn es einem gelungen war, viele Hindernisse zu überwinden. Von außen sah das Ganze aus wie einer jener Plätze, auf die die Leute hereinfallen, weil sie denken, sie fänden dort Schätze. Das funktioniert seit vielen Jahren, und keiner, der so ein Paradies aus Schutt und Glanz je betreten hat, gibt zu, daß er es anstatt mit einem tollen Fund mit teuer bezahltem Plunder wieder verlassen hat. Ein notdürftig überdachter Hof, bedeckt mit Möbeltrümmern, Uhrgehäusen, vom Friedhof geklauten steinernen Grabfiguren, Kirchenbänken, abgehackten Heiligenköpfen und Bergen von bürgerlichem Eßgeschirr war Ponelles Reich. Dahinter stand ein zweistökkiger Schuppen voll verlauster Polstermöbel, in dem er mit seinen wechselnden Kumpanen hauste. Er war ein gutaussehender drahtiger Mann unbestimmten Alters, immer braungebrannt, mit strohigen, dichten Haaren, die er sich kurz schor. Seltsamerweise trug er eine dicke Brille, die nicht zu ihm paßte. Ponelle verkaufte seinen Krempel mit der herablassenden Gebärde eines noblen Galeriebesitzers, lächelte nie und verschwand gelegentlich mit amerikanischen Kundinnen für längere Zeit zwischen den Polstermöbeln.
Auch seine Freundin war Amerikanerin, wie so viele in der Kleinstadt am Rhein hängengeblieben. Sie hatte nur ein Bein, lange dunkle Haare und verriet mir, daß man lange Wimpern kriegt, wenn man sie regelmäßig mit Nivea bürstet.
Abends, wenn genügend falsche Louis-seize-Uhren und selbstgemachte Barockspiegel ihre Abnehmer gefunden hatten, wurden ausgewählte Kunden und Freunde durch den Schuppen in den geheimen Garten geführt, der sich hinter Gestrüpp

verbarg. Er war überraschend groß, mit einer gemauerten Feuerstelle, einer alten Badewanne, in der das Bier gekühlt wurde, und der großen Figur einer Trauernden ohne Kopf. Es roch nach Holunder und Linden. Um die Feuerstelle herum standen Liegestühle, die mit mottenzerfressenen Perserbrükken bedeckt waren. Dort hielt Ponelle Hof, in seinem Zauberreich, wo er außer der Trauernden keinen Trödel duldete. Der Garten war tabu. Und gewiß ohne daß er das gewollt hatte, war ihm ein von vielen ehrgeizigen Gärtnern ersehntes Ideal gelungen: der Weiße Garten. Das heißt, der magische und von Vita Sackville-West kanonisierte Weiße Garten hatte sich selber gemacht, aus Knöterich und Ackerwinden, Margeriten, Kamille und Holunder, Heckenrosen, Weißdorn und Schlehen, mit einem Teppich aus Gänseblümchen. Vom Frühjahr bis zum Herbst blühte der geheime Garten weiß.
In diesen drei Jahreszeiten habe ich ihn besuchen dürfen, ihn und seine seltsamen und schwer durchschaubaren Bewohner, von denen ich sicher war, daß es sich um ziemlich böse Typen handelte. Nicht, daß sie mit irgendwelchen Gewalttaten angegeben hätten. Es waren eher beiläufige halbe Sätze, auch ihre Art zu trinken, zu schweigen und zu lachen. Manchmal war die Rede von Orten, von denen ich nie gehört hatte, Dien Bien Phu zum Beispiel oder Oran. Irgendwo hatten sie irgendeinen Krieg verloren und sich zurückgezogen in diese zwielichtige Welt aus Schrott, merkwürdigen Geschäften und verzauberten Nächten. Ponelle hatte einen Plattenspieler ans Fenster seines Schuppens gestellt. Wenn die Platte mit Liedern von Gustav Knuth, Hanne Wieder und Hannelore Schroth zu Ende war, stand er auf, stieg ganz leicht schwankend die Leiter zum ersten Stock hinauf und legte Saint-Saëns oder Richard-Tauber-Arien auf. Sie redeten, tranken und schwiegen, meistens bis die Sonne über dem Garten auf-

ging. Dann fuhren die Kumpane weg, über Land, neue Ware besorgen. Oft standen verlotterte amerikanische Straßenkreuzer vor dem Schuppen, die nach Tagen verschwanden und anderen Platz machten.

Ponelle blieb auf dem Hof und verkaufte schmachtenden Amerikanerinnen seinen Trödel – er bezeichnete jedes einzelne Stück als »Aus der Zeit« und lachte, als ich mal fragte: Aus welcher? Wenn er mit einer von den Amerikanerinnen im Polstermöbelschuppen war, spielte er auf dem Plattenspieler Märsche.

Manchmal trug er theatralische Uniformjacken, die er in irgendwelchen Kisten gefunden hatte. Dann roch er modrig wie ein längst Gestorbener. Wahrscheinlich war ich sehr in ihn verliebt.

Als es Winter geworden war, ging ich nicht mehr zu Ponelle. Mittlerweile hatte ich ein paar hübsche Sachen für mein Zimmer bei ihm gekauft, er hatte mir immer einen anständigen Preis gemacht. Einmal hat er mir etwas geschenkt, eine persische Puppe, die tückisch dreinschaute.

Man sieht: Ein Misanthropengarten kann durchaus in Gesellschaft genossen werden, es muß nur die richtige sein. Leute zum Beispiel, die lediglich den freien Himmel brauchen. Ohne Gitter, durch die man zu ihm hinaufschaut. Mit lebendigen Mauern drum herum.

Manche Misanthropengärten lassen willig kleine Wahnsinnigkeiten wachsen. Hinter ihren Hecken verbergen sie merkwürdige, oft sehr große Kollektionen von allerlei Gegenständen, die, von der Menschengesellschaft weggeworfen, für deren Verächter eben deshalb wertvoll und liebenswürdig sind. Denn Misanthropen sind zur Zuneigung durchaus fähig. Niemand baut so viele Vogelhäuschen wie sie und legt Futterplätze für verachtete Tiere wie Tauben und Ratten an.

Niemand sammelt und ordnet verwaisten Besitz so liebevoll. Was einmal in der Welt ist und jemandem nützlich war, verdient nicht, achtlos fallengelassen zu werden. Vielleicht gibt es eine geheimnisvolle Verbindung zwischen Menschen und Dingen, von der nur die Menschenverächter wirklich etwas verstehen. Ausrangierte Kühlschränke, angeschlagene Kaffeekannen oder marode Möbel, verlassene und trostlose Gegenstände gibt es viele. Im Misanthropengarten finden sie Zuflucht, oft auch neue Aufgaben: Im Kühlschrank werden alte Zeitschriften aufgehoben und in den Kaffeekannen Tomatensetzlinge gezogen.

Manchmal wird Kunst aus diesen Arrangements, wunderbare Installationen wachsen über Jahre ungesehen hinter Dornenhecken und werden irgendwann entdeckt, nach dem Tod ihrer Besitzer oder durch Neugierige, die sich nicht abhalten lassen zu spähen.

Aber welche Pflanzen hat der Misanthrop gern in seinem Garten? Gibt es welche, die er besonders liebt oder verabscheut?

Man wird feststellen, daß zum Persönlichkeitsbild des Misanthropen – wenn er nicht von vornherein seinen Garten sich selbst überläßt und fast unbearbeitet nutzt wie Ponelle – eine gewisse Blumenverachtung gehört. Blumen, so scheint es, sind für einen ordentlichen Menschenverächter eine leichtfertige und luxuriöse Spielerei der Natur. Das Überschwengliche, das ihnen in ihrer Blütezeit eigen ist, macht den Misanthropen mißtrauisch und verlegen. Er liebt dunkles Grün, der Taxus ist sein Freund, vielleicht auch, weil man mit seiner Hilfe, wenn man wollte, die ganze Stadt ausrotten könnte. Das Wissen um die möglichen Katastrophen, die mit ihm angerichtet werden könnten, stimmt den echten Menschenfeind heiter.

Auch Buchs, Hainbuche, Konifere und Konsorten werden von ihnen geschätzt. Nicht für Hecken allein, sondern für allerlei Zurechtgeschnittenes. Es gibt auch Trauerweiden- und Birkenfreunde, die sich daran ergötzen, wenn ihre Lieblinge Nachbargrundstücke erobern. Grundsätzlich gilt: Der Misanthropengarten gibt sich nicht mit Halbheiten ab. Da er sich keinem Geschmackurteil oder Modediktat von außen beugen muß, ist er entweder anarchisch oder verbessert in nuce die Schöpfung, indem er ihr zeigt, wie eine richtige Ordnung auszusehen hat.

Vielleicht folgt der Misanthropengarten unbewußt den Worten von Voltaires gebeuteltem Dr. Pangloss, der sich alle Misere genial schönredet: *Auf dem Unglück einzelner baut sich das Wohl der Allgemeinheit auf, so daß also das Glück der Gesamtheit um so größer ist, je mehr privates Unglück es gibt.*

Aber ist der Misanthrop unglücklich? Wenn er einen Garten hat, ist er über das akute Unglück hinaus und hat sich eingerichtet. Deswegen ist der Misanthropengarten den klösterlichen Heilpflanzen- und Arzneimittelgärten an die Seite zu stellen. Seine therapeutische Wirkung ist nicht hoch genug einzuschätzen.

Epikurs Garten

»Ein Gärtchen, Feigen, kleine Käse und dazu drei oder vier gute Freunde, – das war die Ueppigkeit Epikur's.«
Friedrich Nietzsche

Wie könnte er ausgesehen haben, Epikurs Garten? *Auffallend schön* heißt es bei Johannes Mewaldt. Aber wie muß man sich die Schönheit eines Gartens in der damaligen Zeit vorstellen? Ist es nicht von größter Wichtigkeit, zu wissen, in welcher Umgebung es gelingen konnte, Schmerzen und Tod so souverän und freundlich zu begegnen, wie Epikur es tat?

Vielleicht ist es möglich, beim Nachdenken über seinen Garten zu begreifen, was Philosophieren eigentlich heißt. Nicht Philosophie! Ich habe das ein paar Semester zu studieren versucht und erinnere mich nur an verstörende Begegnungen mit Menschen und Texten, die mir vergittert und kompliziert erschienen und mich andauernd zum Lügen zwangen. Man mußte ja inmitten der anderen Studenten so tun, als verstünde man etwas. In Epikurs Gesellschaft aber fühlte ich mich nicht so vernagelt. Und weil sich im Laufe eines Lebens die drei großen Fragen, woher man kommt, wozu man da ist und wohin man denn geht, immer nachdrücklicher melden, habe ich mir oft gewünscht, philosophieren zu können. Bis heute scheint mir ein Garten der ideale Ort dafür zu sein. Manches relativiert sich, wenn man es angesichts großer, alter Bäume oder verwelkter Blumen denkt.

Wann hört eigentlich Nachdenken auf und fängt Philosophieren an? Spürt man den Augenblick? Und wer kann einem sagen, ob man es richtig oder falsch macht? Das versuchte während meines Studiums keiner der Lehrer. Sie wollten nur, daß man ihnen folgte, unangeseilt, auf ihren Hochgebirgspfaden. Sie schienen sogar gern zu sehen, wenn einer abstürzte und im Abgrund der Ahnungslosigkeit landete. Wenn ich es recht bedenke, habe ich in meinem ganzen Leben keinen freundlichen Philosophen kennengelernt, weder tot noch lebendig.

Außer eben Epikur. Und auch wenn die Büste des Epikur uns einen ernsten, hageren, bärtigen Mann zeigt, muß er doch menschenfreundlich gewesen sein. Schließlich wollte er nichts weniger als uns über Schmerzen trösten und den Tod wegphilosophieren.

Sein Garten sei klein gewesen, heißt es. Aber was galt als klein im Athen des vierten vorchristlichen Jahrhunderts? Manche Quellen behaupten, die Bürger von Athen hätten ihm das Grundstück und das Haus geschenkt. Anderenorts steht, er habe sich beides gekauft, nach Jahren der erzwungenen Wanderschaft. Die große Gartenhistorikerin Marie Luise Gothein schreibt ihm einen weitläufigen Garten zu, im Wert von 80 Minen. Aber auch sie resigniert: *Leider wissen wir über die Anlage des Gartens des Epikur gar nichts.*

342 oder 341 vor unserer Zeitrechnung wurde er auf Samos geboren. Kurz davor war Platon gestorben, seine Schulen samt Gärten lebten in Athen weiter. Epikur wurde zum Studium nach Teos in Kleinasien geschickt, kam danach nach Athen und mußte es alsbald verlassen, um wieder zurück nach Kleinasien zu gehen, nach Mytilene – Sapphos Stadt – und Lampsakos. Die mittelmeerische Welt war damals in andauernde Kriege verstrickt, die geistige Welt, dazu passend, von widersprüchlichen Welterklärungen geprägt.

Er war um die dreißig, als er, endgültig nach Athen zurückgekehrt, seinen Garten fand – ob nun selbst erworben oder von seinen Anhängern – und ihn seinen Schülern, deren Frauen und sogar Sklaven öffnete. Anders als in der berühmten Akademie durften im *Kepos* alle mitmachen. Sechsunddreißig Jahre lang, bis zu seinem Tod, wurde dort gelehrt, erzählt und zugehört. Und während viele andere Philosophenschulen zugrunde gingen, erhielt sich der *Kepos*, der Garten des Epikur, noch viele hundert Jahre.

Die Stadt Athen war, so wissen wir aus Überlieferungen, Verträgen und Funden, zu dicht bebaut, als daß sie Gärten hätte haben können. Kleine Innenhöfe, in denen Brunnen, Hausaltäre, Tiere und Kochstellen Platz finden mußten, hatten entweder gestampften oder gefliesten Boden. Um innerstädtische Tempel herum soll es Haine gegeben haben, in graden Reihen gepflanzte Bäume. Gärten dagegen umgaben in einer Art Grüngürtel die steinerne Stadt. Es kann aber doch sein, daß Epikur einen innerstädtischen Garten besaß, in der Nähe des Dipylontores. Mode wurden die jedoch erst in der römischen Zeit. Wo er auch gewesen sein mag – über seine Gestaltung wissen wir nichts. Man darf also phantasieren und den Philosophengarten imaginär bepflanzen.

Lebe im Verborgenen, sagte Epikur. Anders übersetzt: *Lebe zurückgezogen*. Das hieß nicht, eremitisch zu sein. Nur hatte er offenbar keine Lust, seine Erkenntnisse in der Art vagabundierender Wanderphilosophen zu verbreiten, wie es die Kyniker taten. Er wollte in doppeltem Sinne einen festen Ort haben, denke ich, inmitten des philosophischen Wirrwarrs und seiner von Kriegen gebeutelten Stadt. So ein Ort darf nicht zu luxuriös sein, nicht anmaßend. Neid kann schlimmer wüten als Feuer, das wird er gewußt haben. Auch andere Philosophen lehrten in Gärten, aber keinen verbindet die Überlieferung so eng damit wie Epikur.

Was braucht ein Philosophengarten? Als wichtigstes: Schatten. Man kann in der prallen Sonne nicht vernünftig denken. Geschweige denn jene Kunst ausüben, die über das Denken hinaus ins Erfinden, Interpretieren, Entdecken und Systematisieren gerät. So sind Nietzsches *Feigen* gewiß wörtlich zu nehmen, Feigenbäume spenden einen schönen, ausladenden, tiefen Schatten und duften gut.

Bei Diogenes Laertios steht, Philosophengärten seien mit Wegen, Rasenflächen und Standbildern ausgestattet gewesen. Aber genügt das, um ein Leben lang mit den verschiedensten Schülern und Interessierten der Wahrheit diskutierend nahezukommen? Man brauchte doch auch Verstecke, eingefriedete Gartenräume, in die sich kleinere Gruppen zurückziehen konnten. An einen Rasen kann ich nicht recht glauben. Womit hätte man ihn mähen sollen? Das Gras in Griechenland ist sommers fahl und dürr. Sappho dichtete, sie sei vor Liebe *bleicher als Gras.* So werden die Gartenwiesen im Sommer ausgesehen haben – bleich.

Welche Büsche gab es damals, die die Aufgabe des Schützens und Verbergens erfüllen konnten? Lorbeer zum Beispiel. Der ist robust und dankbar, seine harten Blätter kommen mit Hitze gut zurecht. Hinter Lorbeerbüschen ist man unsichtbar. Sie sind immergrün, und während sie in unseren mitteleuropäischen Gärten oft übertrieben glatt und glänzend aussehen, irgendwie zu kompakt, sind Lorbeerpflanzen aus einem mittelmeerischen Garten nicht wegzudenken. Ganz anders aussehend, aber ähnlich geeignet, ist die Myrte. In der Antike schmückte man Heiligtümer mit ihren blühenden Zweigen. Sie ist fedrig, mit winzigen Blättchen, die, wenn man sie in der Hand reibt, einen sandelholzartigen Duft verbreiten. Sie wächst heftig – wenn man ihr die richtigen Bedingungen schafft, auch in unseren Breiten. In den Gärten des Hermannshofs in Weinheim wohnt eine, die dort vor zweihundert Jahren als Brautsträußchen angekommen war. Die Braut wünschte sich wohl haltbare Liebe und pflanzte ihr Sträußchen ein. Heute ist diese Myrte so groß wie eine Gartenhütte und bekommt im Winter ein eigenes Haus.

Myrten gab es in Epikurs Garten sicher, als Sichtschutz und Duftspender. Sie haben aber einen Nachteil: Man kann sie nicht essen. Und wenn so viele Menschen an einem Ort immer wieder zusammenkommen und über Leben und Tod nachdenken, wollen sie doch auch etwas essen und trinken. Deswegen denke ich mir Nuß- und Obstbäume in Epikurs Garten. Einen Apfel- oder Erdbeerbaum vielleicht. Obwohl die Früchte des Erdbeerbaums ein bißchen fad schmecken, sind es doch besonders schöne Bäume mit maiglöckchenförmigen Blüten. Die Apfelbäume kommen schon bei Sappho vor, mehr als zweihundert Jahre früher. Einen Weinstock hat es bestimmt auch gegeben, oder mehrere, wobei nichts darauf schließen läßt, daß der Philosoph den Wein so schwärmerisch geliebt hat wie Sapphos Zeitgenosse Alkaios.

Eine Mauer schließt den Garten und seine Gäste von der Außenwelt ab, aber vielleicht war es keine hohe Mauer. Die Wege? Wahrscheinlich aus gebrannten Ziegeln. Und es muß Sitzgelegenheiten gegeben haben, nicht jeder überlegt und disputiert gern im Gehen. Wenn man zu Schlüssen kommen will, setzt man sich doch meistens hin. Gemauerte Bänke und steinerne Tische stelle ich mir vor.

Von seinen Zeitgenossen und Schülern muß Epikur über die Maßen geliebt und verehrt worden sein. Das hat die Nachwelt nicht ruhen lassen, man suchte ihm am Zeug zu flicken und ihn auf allerlei Art herabzusetzen. Kein Wunder, denn Lebensfreude ist ein verdächtiges Ding, wenn man sie zum Seinsgrund erklärt, erst recht. Absichtlich mißverstanden, wurde er von vielen Nachfahren als hemmungsloser Hedonist und theoriefeindlicher Egoist geschmäht. Die Philosophen des neunzehnten Jahrhunderts nahmen ihn in ihrer Mehrzahl nicht ernst. Das hätte ihn wohl nicht gekümmert. Zum Wesen des Glücks, wie er es verstand, gehört eben, sich um Ruhm und Anerkennung nicht sonderlich zu scheren. Die Männer und Frauen, die sich in seinem Garten um ihn sammelten, wollten, seinen Gedanken folgend, das Glücklichsein lernen. Das war damals wahrscheinlich auch nicht einfacher als heute. Glück in Epikurs Sinn ist inneres Gleichgewicht. Wo könnte man darüber besser nachdenken als im Garten?

Der Reichtum, den die Natur verlangt, ist begrenzt und leicht zu beschaffen, der dagegen, nach dem wir in törichtem Verlangen streben, geht ins Ungemessene. Und: *Man kann nicht in Freude leben, ohne vernünftig, edel und gerecht zu leben, aber auch umgekehrt kein vernünftiges, edles und gerechtes Leben führen, ohne in Freude zu leben. Man kann es aber nicht, wenn jene Voraussetzungen fehlen.*

Um die Voraussetzungen muß es in seinem Garten all die Jahre gegangen sein. Und wie man es definiert, das Vernünftige, das Edle, das Gerechte. Er selbst wendete die Begriffe, vor allem den der Gerechtigkeit, immer wieder skeptisch hin und her. Und philosophierte über die Abwesenheit des Glücks, wenn Angst anwesend ist. Da kommen dann notwendig die Götter ins Gartenspiel. Es gab in diesem *Kepos* sicher auch einen Altar, ein Heiligtum. Epikur leugnete die Existenz der Götter nicht – er ging aber davon aus, daß sie sich um die Menschen nicht kümmern. Sie sind ewig, also in einer anderen Seinsform, in den *Metakosmien*. Sie belohnen nicht, sie strafen nicht, man muß keine Angst vor ihnen haben. Es sind nur ihre Stellvertreter auf Erden, die ihre Macht aus der Furcht vor dem Göttlichen beziehen. Aber schön und anbe-

tungswürdig sind sie, die fernen Unsterblichen, und es schadet nichts, ihnen zu huldigen.
Man betrieb schon in der Antike Blumenzucht, für die Kränze, die man den Göttern opferte. Und ich kann mir den Garten des Epikur nicht ohne Blühendes vorstellen, Kamille, Rosen, Dill. Vor allem aber gab es mit Sicherheit Wasser. Die athenischen Gärten waren an Wasserläufen angelegt, an Bächen, es gab aber auch Wasserleitungen. Auch in Epikurs Garten wird es eine gefaßte Quelle oder einen Brunnen gegeben haben. Reden macht schließlich einen trockenen Mund, außerdem sind das Geräusch und die Kühle des Wassers dem Denken zuträglich. Das gilt unverändert bis zum heutigen Tag – wer sich im Glücklichsein üben und verbessern will, kommt ohne Wasser nicht aus.
Epikurs Garten stelle ich mir als einen ziemlich lauten Ort vor. Viele Menschenstimmen durcheinander, man hat ja wohl nicht flüsternd und einzelgängerisch vor sich hin philosophiert, da waren gewiß Widerspruch, Erörterung politischer Ereignisse, Lieder, Vogelstimmen, vielleicht auch Streit oder Kindergeschrei zu hören. Er war zwar einer, der die Ordnung als wichtige Lebensvoraussetzung pries – *Das Dasein des Weisen wird nur in nebensächlichen Dingen vom Zufall gestört, denn die wichtigen, wirklich bedeutenden hat seine Überlegung im voraus geregelt, hält sie auch im Laufe der Zeit in Ordnung und wird sie immer in Ordnung halten* –, daß man aber auch im sichersten Garten von Unvorhergesehenem, das innere Gleichgewicht Störendem überfallen werden kann, war ihm nicht verborgen. Die *Überlegung* muß also *im voraus regeln*, wie mit Krankheit, Schmerz und Tod umzugehen sein wird. Und es ist die Freude, die jenes wunderbare Gleichgewicht des Lebens wiederherstellen kann: *Denn wo die Freude eingezogen ist, da gibt es, so-*

lange sie herrscht, weder Schmerzen noch Qualen oder gar beides.

Schmerz – den er in seinen späteren Jahren durch seine Krankheit intensiv kennenlernte – war für ihn nicht nur physisches Leiden, sondern auch das Entbehren. Den Schmerz des Entbehrens allerdings – von Macht, Reichtum, zügelloser Sinnlichkeit – hielt er für vermeidbar. *Wenn die Sicherheit vor den Menschen sich auch bis zu einem gewissen Grade durch Macht stützen und durch Reichtum befestigen läßt, echter ist doch die, welche das Leben in der Stille und die Zurückgezogenheit vor der Masse verleihen.*

Ein Garten läßt das Leben überschaubar erscheinen. Das hat Epikur sich zunutze gemacht. Ordnung, Zurückgezogenheit, Freiheit von Angst und Schmerz zwischen Bäumen und Büschen. Nicht Publikum, sondern Freunde, nicht Macht, sondern Weisheit. *Die Fähigkeit, Freundschaft zu gewinnen, ist unter allem, was Weisheit zur Glückseligkeit beitragen kann, bei weitem das Bedeutendste.*

Es könnte sein, daß einst dort im *Kepos* eine kleine Säulenhalle die Philosophierenden vor Regen geschützt hat. Schließlich gab sie, die *Stoa*, einer philosophischen Richtung, der die epikureische Erkenntnislehre durchaus nahestand, den Namen. Als Ersatz für die *Stoa* macht sich eine Pergola in jedem Garten gut, sie sollte Platz zum Einherwandeln bieten.

Epikur kam es darauf an, den Menschen die Angst zu nehmen, also das Unerklärliche oder Übernatürliche aus der Welterklärung auszuscheiden. *Der Tod ist für uns ein Nichts, denn was der Auflösung verfiel, besitzt keine Empfindung mehr. Was aber keine Empfindung mehr hat, das kümmert uns nicht.*

Alles Seiende, der Garten, die Bäume, Erde, Menschen und Tiere, besteht aus vergleichbarem Stoff, aus kleinsten Teilchen, den Atomen, lehrte Epikur. Atome zerfallen beim Tod. Und wie man vor der Geburt seiner selbst nicht inne war, also kein Ich, hört man mit dem Ich-Sein nach dem Tod sofort auf. Sinnlos also, ihn zu fürchten. Das Streben nach Glück in der Zeit dazwischen zollt der Einzigartigkeit jedes Wesens Respekt. Jedes Wesen sollte während der ihm zugemessenen Lebensspanne ganz es selbst sein, also glücklich.

Die Haltbarkeit seiner Philosophie auszuprobieren, hatte Epikur peinvolle Jahre Gelegenheit. Wahrscheinlich litt er unter Nieren- oder Harnsteinen, was seine anschauliche Art erklärt, sich mit dem Phänomen Schmerz auseinanderzusetzen.

Der Schmerz sitzt nicht unaufhörlich im Fleische. Je heftiger er ist, desto kürzer währt er. Ist er aber neben der Lust vorhanden, diese im Fleische nur übersteigend, so bleibt er nicht viele Tage. Bei einem längeren Leiden aber ist die Freude noch immer etwas größer als der Schmerz im Fleische.

Seine Freudeoffensive gegen den Schmerz ist sehr modern und entspricht den Ratschlägen von Schmerztherapeuten. Lerne mit ihm zu leben.

Wahrscheinlich hatten seine Freundinnen und Freunde ihm eine Liegestatt im Garten zurechtgemacht, unter Olivenbäumen vielleicht, die geben einen lichten Schatten. Olivenschatten ist besonders schön, weil er durch die silbrigen, beweglichen Blätter immer flirrt und flimmert. Ruhe, Wärme, viel Flüssigkeit wird bei Steinleiden empfohlen, ein Sud aus Schachtelhalmen hätte ihm helfen können. Ob man das damals schon wußte? Ausgeschlossen ist es nicht. Für Kranke ist ein Aufenthalt im Garten besonders wohltuend, wer je im Krankenhaus war, kennt die Sehnsucht nach dem Draußensein, nach Bäumen, Luft, Vogelstimmen. Ihm wird es nicht anders gegangen sein. Im Garten wird auch sein letztes Lager gewesen sein, umgeben von seinen Schülern, seiner Familie im Geist. Wir wissen von einem Abschiedsbrief, den er gleichlautend an mehrere Freunde geschickt hat: *Indem ich den glückseligen Tag meines Daseins erlebe und zugleich beende, schreibe ich euch dies. Harnzwangbeschwerden folgen einander und Durchfallschmerzen, die keine Steigerung in ihrer Stärke übrig lassen. Doch entgegen tritt all dem in meiner Seele die Freude über die Erinnerung an alle mir gewordenen Erkenntnisse.*

Dann bittet er die Freunde noch darum, sie mögen für die Kinder des Sklaven Metrodoros sorgen. Auch die Nachfolge im *Kepos* wird geregelt.

So blieb der Philosophengarten wenigstens nicht verwaist. Aber wie war das eigentlich mit der Trauer? Wenn man Epikur auf seinen Denkwegen folgt, kann für sie kein Platz in seiner Philosophie sein. Seine Hinterbliebenen werden sie dennoch nicht haben wegphilosophieren können, ihre Traurigkeit. Zu beliebt war er, sein Vortrag wurde als sirenisch beschrieben, also unwiderstehlich, es gab sogar Devotionalien, Becher und Ringe mit seinem Abbild. Überhaupt ist er oft dargestellt worden, wenn auch die Identität von Büsten und Stelen nicht immer zweifelsfrei ist.

Um Christi Geburt war es Seneca, der sich Epikurs Lehre und Denkweise zu eigen machte. Er schrieb: *Wenn der Tod seinen Raub festhält, so höre die Klage auf, sie ist vergeblich.* Der Tod hält fest, was er einmal hat – und so werden sie in ihrem Garten, ihrem *Kepos*, weitergelebt haben, diskutiert und philosophiert, gestritten und sich verliebt, gegessen und getrunken. Andere sind dem Meister in den Tod nachgefolgt, und neue Schüler haben sich für die epikureische Lehre begeistert. Aber immer war da der Garten, und es ist doch möglich, daß Lorbeer-, Oliven- und Feigenbäume lange Zeit dieselben waren, in deren Schatten schon der Meister gesessen hatte.

Schade, daß in unserer Zeit offenbar niemand darauf kommt, sich einen *Kepos* anzulegen. Eine kleine Strenge, die durch Üppigkeit gemildert wird, kann man auch hierzulande hinbekommen. Das wäre nicht so schwierig: Lorbeer-, Oliven-, Obst- und Nußbäume, dazu Wasser und für die Ewigkeit gemachte Sitzgelegenheiten, die man nicht immer rein- und rausräumen muß. Auch Feigenbäume wachsen in milden Gegenden, beispielsweise an der Bergstraße, ganz munter. Vielleicht kommen ja die asiatischen Gärten mit ihren Steinlaternen und Buddhaköpfen samt dem ewigen Bambus endlich einmal aus der Mode, und vielleicht legen sich dann gesellige und denkfreudige Gärtner einen *Kepos* zu, in dem viel Platz für Freunde ist – und für die Suche nach dem Glück.

Eine Insel

»NICHT AUF DEM / RASN SPUCKN! PFAUEN-KNEBELN UNTERSAGT!« Thomas Kling

Frühling hatte sein blaues Band mitten über die Insel gelegt. Es bestand aus Ehrenpreis, übriggebliebenen Hundsveilchen, ersten Glockenblumen, verblühenden Muscari, Unmengen von Vergißmeinnicht und Lupinen und einer Sorte hoher blauer Hyazinthen, die ich noch nie zuvor gesehen hatte – zum erstenmal dort, auf der Museumsinsel Hombroich. Ein allerletztes Mal wollte ich die Sache mit Kunst und Garten noch ausprobieren und danach endgültig resignieren. Bis auf die südfranzösische Fondation Maeght, in der Kunst anmutig wie Riesenspielzeug herumsteht und -liegt, habe ich der in Gärten aufgestellten oder hingelegten Moderne nie was abgewinnen können.

Das Freundlichste, was mir einfiel, war: Es stört nicht besonders. Das galt für Museumsgärten und Kunstparks und für vieles Venezianische und Kasselerische, ich kann es nicht ändern. Immer konkurrierte da irgend etwas Steinernes oder Stählernes oder Hölzernes gegen Blätter und Zweige um meine Blicke. Blätter und Zweige gewannen immer. Das gilt natürlich nur für mich. Ich wollte aber lernen. Nach Hombroich müßte ich fahren, hörte ich. Da sei alles anders.

Vorher kommt erst einmal die Fahrt über flaches Land. Die Landschaft am Niederrhein ist eine listige Landschaft, sie hält sich hinter Hecken verborgen. Die fallen als erstes auf, denn so kennt man das anderswo nicht: Scheinbar ohne Ordnung und Plan sind da mit Hilfe höchst unterschiedlicher Hecken viereckige Stücke aus dem Nichts geschnitten. Auf-

wendige Rahmen, aber kein Bild. Auf die lebendigen Bilderrahmen verwendet man in diesem Landstrich viel Phantasie, wechselt manchmal mittendrin Stil, Material und Absicht. Sehr hohe, undurchdringliche Taxusmauern werden unversehens von frivolen Buchsplastiken unterbrochen, man experimentiert mit Streifen und Mustern, lebende Zinnen aus Thuja sieht man ebenso wie säulenartige Gebilde, die von sauber getrimmten Kugeln gekrönt werden. Die Hecken am Niederrhein sind eine Sensation, die wahrscheinlich kaum jemandem auffällt. Daß Rahmen etwas Wichtiges sind, kann man in der Beuyssammlung des Schlosses Moyland sehen. Ich wage zu behaupten, daß aus der goldenen und strengen Rahmung ein Großteil ihres Zaubers besteht.
Aber: Kunst und Garten, Kunst und gestaltete Natur – Zeit für den Hombroich-Versuch.
Es ist ein makelloser Maitag, nicht zu viele Autos auf dem Parkplatz, ein protestantisch karger Eingangsbereich, Bücher, Postkarten, ein Museumshop ohne Üppigkeit. Draußen führen Treppen in eine scheinbare Wildnis hinunter, blaue Blumen überall, wie gesagt. Schon auch gelegentlich Absperrbändchen, wie man sie in öffentlichen Gärten rund um frisch gesäte Stellen sieht. Besonders verblüffend ein Geviert mit Gänseküken: Die könnten mühelos untendrunter durch oder obendrüber schlüpfen, doch sie tun es nicht. Sie trippeln vielmehr anmutig in dem ihnen zugewiesenen Viereck herum. Fotohandys werden in die Luft gehalten. Man kann aber gleich wieder allein sein, wenn man möchte, den nächsten Grasweg nehmen und hundert Augenpaaren standhalten, die über der Wasserfläche eines dunklen Tümpels auftauchen. Ich habe angesichts von Fröschen Prinzen nie für die bessere Wahl gehalten. Das bestätigt sich jetzt. Es ertönt ein sattes, vielstimmiges Lied. Man sieht ihre geblähten Kehlen und die

eleganten Bewegungen ihrer Beine. Manchmal klingt es wie Oboen.
In einem leeren, weißen Turm geht langsam ein Mann hin und her und spielt Saxophon. Er probiert nachdenklich Schall, Hall und Echo aus, er schaut den Tönen nach, die an den weißen Mauern hochsteigen und sich oben unter dem Dach bündeln und wieder verlieren. Der Mann läßt sich nicht stören. Der Turm ist ein Kunstwerk, von wem, wann gebaut, ist in diesem Moment nicht wichtig. Der Turm hat vier Öffnungen, eine in jede Himmelsrichtung. In den von weißer Kargheit umgebenen Öffnungen sind Bilder vom Draußen zu sehen, Bilder von farbigster Fülle. Der Turm ist das Drinnen, vielleicht der von Gedanken freie Kopf, der Töne und Farben einfach einläßt. Vielleicht ist er aber auch etwas ganz anderes. Niemand ist gezwungen, über ihn nachzudenken. Man könnte auch einfach um ihn herumgehen und den Garten rahmenlos anschauen, in seiner ganzen blaugrünen Anarchie. Ich bleibe eine Weile da, um zu beobachten, wie andere sich in dem Turm bewegen. Der Mann geht immer noch mit seinen Tönen herum, fängt sie wieder ein, macht neue. Man hört auch die Frösche. Sonderbar: Man vergißt in dem Turm, was man eigentlich wollte, auch das Interpretieren macht sich still davon, so daß nur das reine Schauen bleibt, von drinnen nach draußen, vom Weiß in die Farben, durch vier Rechtecke in sehr unterschiedlich blaue und grüne Wildnis.
Ja, so fängt es an auf der Insel, die Garten und Kunstwerk zugleich ist, die aber keinen zu etwas zwingt, weder zum Unterscheiden noch zum Vereinen.
Irgendwann gelangt man unter den leiser werdenden Gesängen von Fröschen und Saxophon an eine Klinkermauer. Das Material hat einen, ohne daß man sich es bewußt gemacht hat, schon die ganze Zeit auf der Fahrt hierher begleitet –

freudlose Kirchen sind daraus gemacht und viele Häuser. Schmucklos, ohne Schnickschnack, Erfüllung des erfüllbaren Traums: Klinkerhaus mit Vorgarten. Und Hecke. Beide Elemente sind auch auf dieser Insel zueinandergeordnet – Klinker und Hecke. Die Mauer, ohne Öffnungen, wird von einer zweiten lichteren Mauer eingerahmt, einer sehr hohen und extrem schmal geschnittenen Buchenhecke. Ein: Halt! Bis hierher und erst einmal nicht weiter! wird dem glücklichen Schlendern entgegengesetzt, so, als müßten die herumvagabundierenden Blicke wieder eingefangen und gebündelt werden. Man hat sie über Gras und Blumen, Bäume, Enten und Gänse, Schwalben, Reiher und über etwas dunkel Glänzendes wandern lassen, einen Otter. Wasser ist zu sehen, zu hören und mancherorts versteckt hinter Büschen zu ahnen. Leute sind einem entgegengekommen, mit verwirrten Gesichtern, wie nach dem Wachwerden. Grüßt man sich hier eigentlich?

Hinter dieser Mauer mit der nachzeichnenden Hecke ist ein Museum, ein ganz weißes, in dem Dinge in und auf weißen Kuben stehen, schöne Dinge und nicht so schöne. Nichts ist erklärt, beschildert, hervorgehoben. Alles steht so gleichberechtigt nebeneinander, als hätte jemand einen Koffer voll Reiseandenken ausgepackt. Es sind ja vielleicht auch welche, Buddhas, ein Ganesha, ein chinesischer Hochzeitsschrank, buntes Glas. Anderes könnte in der Region ausgegraben worden sein, kleine Objekte ohne erkennbare Funktion. Monochrome Tafeln an der Wand. Das Grün ist ganz anders als das Grün draußen. Das Wissenwollen versickert in den weißen Räumen, der anerzogene Wunsch nach Erklärung, Wertung, Einordnung löst sich auf. Eine Vase ist eine Vase ist eine Vase.

Wunderbarer Zustand, von dem der Besucher ahnt, daß er nicht lang anhalten kann. Die Welt ist nicht so eingerichtet,

auch die Kunstwelt nicht. Hier hat das Drinnen sich das So-Sein des Draußen angeeignet, das ist das Erstaunliche. Es wird einem aber erst nach Tagen klar. Während man schaut und geht, sich von etwas aufhalten läßt und dann wieder einem Weg folgt, grübelt man nicht.
Im Gras liegt eine zerborstene Glocke, rostig und riesig. Geschichten vom versunkenen Vineta kommen einem in den Sinn, oder vielleicht ist das der Rest einer vom Krieg zerstörten Kirche? *Stahlkochen ist Kunst* steht dran und *Thyssen*. Ach so. Vorher war aber genug Zeit, eigene Geschichten um das große, verrostete Ding zu spinnen.
Niemand schreibt einem vor, in welcher Reihenfolge man den Objekten begegnen soll, die auf der Insel zusammengekommen sind. Und wenn man nichts anderes tut, als die verschiedenen Sorten Rhododendren zu erkunden, die hier einen idealen Standort haben, oder sich mit den Farnen zu beschäftigen, ist es auch gut. Die Farne übrigens bilden eine Art Lichtinstallation, das gefiederte Grün teilt und filtert das Sonnenlicht in regelmäßige Streifen, ein verrückter Anblick.
An einem niedrigen Haus, das von blühenden Glyzinien – wieder ein neues Blau – über und über bedeckt ist, gewiß seit hundert Jahren, hängt an einer Kette ein Schild: Bitte nicht stören. In mir entsteht das Bild eines Liebespaares, das da drinnen für alle Zeit schläft.
Auf der Insel Hombroich lernt man, wie Vorschläge gemacht werden, von den Bäumen, vom Gras, von dem, was Künstler hingestellt haben, auf die Umarmungen des Gartens vertrauend. Diese Umarmungen sehen jeden Tag ein wenig anders aus, sie blühen und welken, schließlich vergehen sie, um dann wieder so verschwenderisch zu werden wie an diesem Maitag. Wie mag die Insel im Winter aussehen, wenn die Kunstwerke mit sich allein sind?

Zum Beispiel das, was ich *König Artus' Tafelrunde* nenne: ein großer Kreis von strengen, lehnenlosen eisernen Stühlen, ins hohe Gras gerammt, auf manchen sitzen Holländer und machen Brotzeit. Jetzt, viel später, weiß ich, daß diese Arbeit von Anatol ist und *Parlament* heißt, aber an dem Maitag gehörte sie mir und trug den Namen, den ich ihr gegeben habe.
Die eisernen Stühle lassen die Menschen klein aussehen, aber durch das üppige Gras wirken sie doch freundlich. Ich kann mir vorstellen, daß sie im Winter wie Folterstühle aussehen könnten. Oder bei großer Hitze glühen. Ich zähle: Siebenundzwanzig sind es. Oder habe ich mich verzählt? Menschen setzen sich drauf, fotografieren sich gegenseitig, strekken sich, versuchen hoheitsvoll dazusitzen, albern herum. Gegenüber, weit weg, stehen Figuren, die aussehen, als hätten sie vor Urzeiten in der Runde gesessen und irgendwann Platz gemacht. Nein, nichts wird erklärt. Man hat lediglich einen kargen kleinen Lageplan, der knapp informiert – skulpturale Gebäude von Heerich, Auepark von Bernhard Korte gestaltet –, im übrigen aber weder interpretiert noch Geheimnisse verrät.
Man braucht es nicht. Um einen Glasbau herum stehen Bäume, unter deren tiefhängenden Zweigen sich Stühle und Tische wie Küken unter den Flügeln einer Glucke drängen. Man könnte da auch bei Regen sitzen, geschützt und verborgen. Es regnet aber nicht, und in dem Glasbau gibt's Kaffee und Wasser und Tee, eine Menge zu essen auch, Kuchen oder Bratkartoffeln, wonach einem eben ist. Kostet nichts. Man ist zu Gast bei Unsichtbaren. Auf einem großen Stein stehen Namen, die man sich als Gastgeber vorstellen könnte: Oskar Pastior, Heiner Müller, Thomas Kling, die Lampersbergs, Ludwig Soumagne, noch viele andere. Lebende, Tote? Ist hier nicht so wichtig.

Eine Freundin hatte mir von einem rosa Haus erzählt, in dem eine gewaltige Kunstsammlung schlummere. Ich finde es tatsächlich, das rosa Haus im Tiefschlaf, mit verschlossenen Läden, es hängt kein Schild »Bitte nicht stören« da, aber ich tue so als ob und gehe leise drum herum. Die Bäume haben es in tiefe Schatten eingehüllt, das Haus, aber ein Auto steht davor, und das ist doch sehr befremdlich. Paßt nicht zu diesem Ort. Wasser schwätzt leise daneben, überall ist Wasser, und in ihm baden weiße Rhododendren. Es sind die ersten, die blühen. In ein paar Wochen wird es auf der Insel eine Rhododendronexplosion geben, eine andere Art von Rhein in Flammen. Wer wird dann noch die Kunst anschauen?
Am Haus des Künstlers Anatol steht: *Kunst ist Seelsorge*. Das klingt nach Böll, aber man kann nicht richtig widersprechen. Das Arbeitshaus, eine hölzerne Bleibe, sieht aus wie grade verlassen, aber auch wie schon ewig verwaist. Ein Kunstwerk mit vielen Kunstwerken drum herum, zugewachsen, es hat ja eigentlich nie ein Ende mit der Kunst, wenn man nur lang genug lebt. Das Anatol-Haus sieht aus, als könnte sofort weitergearbeitet werden. Vor dem Haus sitzt einer in der Sonne, der aussieht wie der Künstler. Neben ihm sitzt eine schöne Frau. Sie grüßt.
Bitte nicht stören.
Kunst und Gartenkunst – denn das ist sie, grade wenn sie sich als Wildnis gibt, eine glaubwürdige und schön aussehende Wildnis zu erschaffen ist das schwerste – konkurrieren auf Hombroich nicht, das eine hilft dem anderen auch nicht auf die Sprünge. So einfach ist das hier nicht. Man kennt das von anderen der Kunst dienenden Orten: Unzulänglichkeit soll durch grüne und blühende Umgebung in Attraktivität verwandelt werden. In Venedigs Giardini macht sich jeder öde Klotz irgendwie gut. Jedenfalls scheinen das

viele zu glauben. Auf Hombroich geschieht etwas ganz anderes, aber dahinterzukommen ist nicht leicht.
Man beginnt etwas zu begreifen: Da ist ein angelegter Buchsbaumgarten, ein zerzaustes Versailles, die Strenge der Buchse durch gewollte Unregelmäßigkeit ins Komische gewendet. Die Buchse bilden enge Gänge, durch die man sich drängeln muß. In den Gevierten abgeblühte Tulpen und Kaiserkronen. Dieser Anlage fehlt das Militärische, das Buchsgärten oft durch den gnadenlosen Drill, dem sie unterworfen sind, anhaftet. Der Buchsbaum, der sein *grünes Haupt / Dem Frost entgegen* pflanzt und *Des Winters Macht* verhöhnt, wie es in dem schönen Gedicht von Hölty heißt, kommt hier antiautoritär daher. Das wäre hübsch anzusehen, angenehm, wenn man allzu Ordentliches nicht mag – unvergeßlich wäre es gewiß nicht. Das wird es aber sofort, wenn man ins Innere des vollkommen leeren, weißen Pavillons geht und von dort aus durch die sonderbar geformten Fenster hinausschaut. Rousseausche Gartenbilder – solche hat er nicht gemalt, aber so sieht er aus, der Buchsgarten – entstehen und scheinen sich zu bewegen, als tanzten die Büsche.
Das müßte man unbedingt im Winter sehen. Vom weißen Pavillon ins Weiß draußen, Buchshäupter *dem Frost entgegen* gehalten.
Was aber läßt sich schließen aus dem auf dieser Insel so glücklich vermählten Paar Kunst und Garten? Ich weiß nicht, wieviel Planung hinter dem schönen Konzept steht, oder ob das Gelingen mit dem Niederrheinischen im speziellen zu tun hat – aber den Verdacht habe ich schon. Pastior und Kling und Soumagne, die auf dem Stein verewigten Dichter eint eine gewisse Sperrigkeit und Eigenständigkeit, der Charme der Sonderlinge. Vielleicht haben sich die Stifter des Ortes bewußt nur solchen zugewendet, die lieber einen

erdigen Himmel am Niederrhein als irdischen Ruhm haben wollten. Die bildenden Künstler, die hier ihre Zeichen in die blauen Blumen gesetzt haben, dachten und denken ganz bestimmt so. Glaube ich.

Hier ist nichts mit Absicht schön und schon gar nicht mit Absicht abstoßend, nichts bohrt sich mir in den Schädel und schreit mich an, ich solle meine Sehgewohnheiten ändern. Der Garten und die Kunst in ihm sehen aus, als müßten sie so aussehen mitsammen und könnten gar nicht anders. Um mich kümmert sich gar nichts, ich werde nicht als Geisel genommen oder gezwungen, in ein fremdes Horn zu blasen, bloß damit die anderen denken, ich verstünde was von Kunst. Keine Katalogwörter. Wenn einen etwas kaltläßt, muß man sich nicht schämen, wie an anderen Kunstorten, wo man schnell das Gefühl hat, vom Sakrament ausgeschlossen zu sein. Dafür genügt schon das Geständnis: Damit kann ich nichts anfangen. Wenn man beim Gang über die Insel Hombroich mit einem Werk nichts anfangen kann, fängt man eben nichts damit an, riecht statt dessen an einer Blume und geht weiter. Deswegen ist man noch lang nicht verstoßen.

Das gleiche gilt für das Gartenwerk. Von den Rhododendren zum Beispiel war schon die Rede, von der Installation mit den Farnen und den hundertjährigen Glyzinien. Die sind natürlich nicht hundert, aber sie tun so, weil jemand so klug war, es ihnen zu erlauben. Man kann aus diesem Gewächs, dem Blauregen, gar nichts anderes machen als Kunst, das heißt, man muß ihm etwas ganz überlassen. Glyzinien in einen normalen bürgerlich-familiären Garten zu integrieren wird in den meisten Fällen mißlingen. Sie verschlingen und umschlingen alles und pressen sich am liebsten zwischen Dinge, die zusammenbleiben sollten, zum Beispiel Mauer und Regenrinne. Sie haben eisenhartes Holz und würgen

selbst stabilste Eisenkonstruktionen zu Tode. Hier dürfen sie würgen und umschlingen mit ihrem unglaublichen Blütenmeer. Bitte nicht stören. Genial.
Das Schau-mich-an! Schau-mich-an! vieler moderner Gartenanlagen, seien sie öffentlich oder privat, ertönt hier nicht. Es will entdeckt werden, das Besondere, und es verrät oft nicht einmal, ob es geplant war oder einfach entstanden ist.
Dennoch ist hier nicht Elysium, und man vergißt auch nicht, daß anderswo auf der Welt, vielleicht nur ein paar Kilometer weiter, Schrecken und Scheußlichkeit existieren. Sonst hätten Dichter wie Pastior, Kling oder Soumagne auch nicht hierher gepaßt. Grade Kling, der früh Gestorbene mit seinen stacheligen Versen, die ich jetzt erst wahrscheinlich richtig lesen kann, nachdem ich diesen niederrheinischen Ort angeschaut habe: *puttengrün; / geharkter kies, »DER RHEIN IN / FLAMEN!«; das moost so schön, / das west! / betongestützte ritter- / burg, die schlößchen schweinchen- / rosa; bengalisch abends: pavian- / hinterteil.* Die Raketenstation, wo er bis zu seinem Tod wohnte, hebe ich mir für später auf. Für eine andere Jahreszeit.
Dort setzt das namensummen anders ein die codes sind irgend / wie gewechselt. rhizom-rhizömchen die sich miteinander // unterhalten. Sieh hier das netzteil, angeregt: mit eigenen augn / staunender linné: – »roger ! frau flora übernimmt das regiment!« – »hier // brehm jawoll verstann!«
Assoziationswildwuchs ist noch nach Tagen im eigenen Hirn zu spüren. Der Wunsch nach Informationen läßt allerdings lang auf sich warten. Zu erholsam war diese fast bewußtlose Art, durch Kunst hindurchzugehen wie durch den Garten, in dem sie zu finden ist.
Bei der Rückfahrt, noch lang im Hellen, Rapsfelder mit Hekken drum herum. Gelbe, ordentlich gerahmte Bilder.

Die sieben Todsünden

»Und vom Erkenntnisbaume / Lächelte spottgut die Blüte.«
Else Lasker-Schüler

Daß ein Garten aus Menschen bessere Menschen machen kann, behaupten nicht nur Sachbuchautoren, Fachjournalisten und Inhaber von Gartencentern – es ist gängige Lehrmeinung, philosophisch und theologisch abgesichert. Da reizt es einmal in der anderen Richtung nachzuschauen. Könnte es nicht sein, daß der Weg zur Hölle rechts und links von schönen Gärten gesäumt ist?
Für das Mittelalter waren Hochmut, Neid, Zorn, Wollust, Geiz, Völlerei und Faulheit die schlimmsten Sünden. Das mutet harmlos an, die Neuzeit ist anderes gewöhnt. Vielleicht aber sah jene gartenkundige Epoche in ihnen das Wurzelunheil, aus dem jedes andere wachsen kann, wenn nur der richtige Boden da ist. Und heute? Gedeihen sie in unseren Gärten, die sieben Todsünden?
Den Hochmut dort zu finden ist nicht schwer, er kommt mit jeder Sorte Boden gut zurecht. Ob Kleingartenkolonie oder Privatpark, er gedeiht üppig, als einziges Gewächs auf Erden ist er in der Lage, sich selbst zu düngen, das macht ihn interessant. Und ob es sich um das Kohlrabibeet im Bahndammgärtchen oder eine Staudenanlage der berühmtesten britischen Gartendesignerin handelt: Wir sehen bei den Inhaberinnen – Männer sind anders hochmütig, da geht es meistens um technische Ausrüstung oder Größe und Kostspieligkeit frisch gepflanzter Bäume – den gleichen Gesichtsausdruck.
Jetzt bist du platt, das kriegst du nie im Leben hin, sagen die Augen.

Ach, da ist doch gar nichts dabei, sagt der Mund.
Im Grunde genommen ist der Gärtnerinnenhochmut eine klassenlose Sünde, das macht ihn sympathisch. Ob die Bäuerin Müller oder die Gräfin von Müller ihre Gewächse der Bäuerin Schulze oder der Gräfin von Schulze zeigt – kein Unterschied. Kohlrabi oder Agapanthus – das eine kann man essen, das andere nicht. In beiden Fällen wird mit falscher Bescheidenheit in der Stimme die Dicke der Köpfe, die Delikatheit der Farbe, die Üppigkeit des Grüns gepriesen. In beiden Fällen werden die Damen auf Widrigkeiten des Standorts und des Wetters hinweisen und darauf warten, daß die Unterlegene ihre Unfähigkeit zugibt, Erde und Himmel perfekte Kohlrabi oder Agapanthusse abzuringen.
Manche Quellen übersetzen die Todsünde *superbia* nicht mit »Hochmut«, sondern mit »Stolz«. Aber was wäre ein Gärtnerdasein ohne Stolz? Der Mensch lebt nicht von Demut allein, in den Todsündenkatalog gehört der Stolz gewiß nicht. Zumal, wenn man ihn an einem taufeuchten Sommermorgen angesichts seiner Rosen oder Lilien ganz für sich allein behält.
Der Hochmut dagegen braucht Publikum, denn er will sich in der zweiten Todsünde spiegeln – dem Neid. Das wissen Gärtner beiderlei Geschlechts. Vor den Neid der anderen haben die Gartengötter den Schweiß gesetzt – es muß allerdings nicht der eigene sein. Wer Gelegenheit hat, bei öffentlichen Zurschaustellungen imperialer Gärten – also jenen, in denen ein Heer von Gartenarbeitern die Ideen der Besitzer grabend, schneidend, pflanzend und Unkraut beseitigend umsetzt – Gesprächen zu lauschen, weiß: Die Sünde des Neids erhebt ihr gelbes Haupt über Rhododendren und Buchs und jedes andere edle Gewächs.
Habt ihr das Staudenbeet um den Brunnen gesehen? Ein De-

saster. Sie hat es sich von der St. Sowieso designen lassen, aber die hat bei den Hückelhofens gemeint, sie bange sehr um die Umsetzung. Und schau es dir an. Armselig. Als hätte sie zu den Malven gesagt: Achtung! Stillgestanden! Die St. Sowieso kostet ein Mördergeld. Das hätte ja unser Franz besser hinbekommen! Und am Eingang hat sie tatsächlich die Ligusterpyramiden mit Begonien umpflanzt. Begonien! Wie auf einem Dorffriedhof!

Es gibt Gegenden, in denen ein aristokratischer Garten oder Park neben dem anderen liegt. Die Inhaber kennen einander seit Generationen, haben hinüber- und herübergeheiratet und Bäume groß werden und wieder fallen sehen. Wenn in einem solchen Garten vermehrt Bäume fallen, hat es entweder einen Sturm gegeben oder einen berühmten Parkfachmann, der Sichtachsen angeordnet hat. Wenn dann der Sicht nichts mehr im Weg steht, weil hundertjährige Bäume zu Brennholz zersägt am Wegesrand liegen, fährt er befriedigt wieder weg, der berühmte Parkfachmann.

Manchmal werden die herrschaftlichen Gärten fürs Publikum geöffnet. Das trägt zum Unterhalt ebenso bei wie zur Unterhaltung. Ich habe mir oft vorgestellt, wie man sich fühlt, wenn einem dann nach einem volkreichen Wochenende mit besenften Bratwurstpappen, Coladosen und Diebstahlslücken in den Bepflanzungen der Garten wieder gehört. Wahrscheinlich hilft das Zählen der Tageseinnahmen, aber auch die Erinnerung an unzählige Bewunderungsseufzer. Spätestens dann entfaltet der Neid der anderen seine therapeutische Wirkung.

Es könnte sein, daß Todsünden, verpflanzt man sie in einen Garten, nicht nur ihre Bedrohlichkeit und Strafwürdigkeit verlieren, sondern sich ins grüne Ganze gleichsam einfügen, nicht hübsch, aber nützlich – etwa wie Regenwürmer. Zorn

im Garten ist alltäglich. Zorn zum Beispiel darüber, daß es so viele Unzulänglichkeiten wie Wünsche gibt. Ganz viele Zwiebelblumen wollen wir, fette, üppige Nester. Aber Zwiebeln legen gehört zu den langweiligsten Gartenarbeiten überhaupt. Makellose Rosen ohne Sternrußtau, Läuse oder Kräuselkrankheit wollen wir. Deshalb fallen wir jedes Jahr auf neue Sorten herein und reißen unsere empfindlichen Büsche trotz ihrer Liebenswürdigkeit heraus. Kugelrunde, scharfeckige, hasenförmige oder sonstwie gestaltete Buchse wollen wir – aber finden nie die perfekte Schere.
Die ultimative Buchsschere gibt es nicht, aber um sie geht es in Wahrheit gar nicht. Das wissen wir, und das macht uns zornig. Es geht nämlich um ein ausgestorbenes Gewächs namens Geduld, nach dem wir uns sehnen. Der Gartenzorn ist in Wahrheit Wehmut. Vor unserem inneren Auge erscheinen die grünbeschürzten Gestalten von einst mit Strohhüten und ganz kleinen Scherchen, die geruhsam an der Natur herumschnippelten, Ästchen für Ästchen. Was einst ein Busch war, wurde jahrzehntelang geduldig zur immer perfekteren Kugel, Pyramide, Borromini-Säule geformt. Oder wir sehen die Gärtnerschatten der Vergangenheit, wie sie ganze Kontinente von Zwiebeln legten, geruhsam und nachdenklich Läuse abstreiften und kranke Rosenblätter abknipsten.
Zornig und traurig macht auch das Wissen, daß nichts im Garten so aussehen wird, wie die Bilder auf den Samentütchen versprechen. Also ist der Zorn eine Art Gärtnerpubertät. Man muß durch, aber irgendwann wird sie vorbei sein. Dann werden wir gelernt haben, so zu tun, als hätten wir die Ewigkeit auf ein paar Quadratmetern eingefangen, alle Zeit und Geduld der Welt ist unser: Ästchen für Ästchen, Zwiebel für Zwiebel, Samenkorn für Samenkorn.
Sonderbar ist es, daß Zorn und Neid nur sehr selten aufkei-

men, wenn es um die Größe des anvertrauten Stücks Erde geht. Weder habe ich je jemanden klagen hören, weil ihm seins zu groß, noch, weil es ihm zu klein sei. Nur das Alter läßt manche Gartenbesitzer, besonders die verwitweten, über zuviel Arbeit und Verantwortung seufzen. Aber verlieren wollen sie ihren Garten dann doch nicht. Und lassen lieber ein paar Fremde hinein, zum Pflanzen und Ernten. So sind statt vergeblichem Neid und Zorn schon schöne Freundschaften entstanden.

Die nächste der Todsünden ist ein bißchen heikel. Wollust. Bei dem Wort denkt man nicht als erstes an Erdbeerbeete oder Rosenrabatten. Auch nicht an das, was in einer Gartenlaube geschehen könnte, das wäre zu simpel. Wollust ist eine nicht über lange Zeit erträgliche Empfindung, ein Gipfel, wie hoch auch immer – aber eine Sünde, gar eine Todsünde? Gottes Stellvertreter hatten zu allen Zeiten etwas gegen die Vorwegnahme des Paradiesischen auf Erden. Denn wenn sich das Paradies schon hienieden, wenn auch nur für kurze Zeit, finden läßt, verlieren Jenseitsversprechungen ihren Reiz. Das ist das Problem. Gartenwollust hat viele Gesichter, keins davon scheint aber so richtig sündig.

Vielleicht ist Gartenwollust das kurze und wunderbare Gefühl: Etwas Besseres kann es nicht geben. Dieser Moment, dieses Zusammenspiel aus Duft und Sonne, aus Wohlbefinden und dem Geschmack von Basilikum und selbsterschaffenen Tomaten: der Gipfel. Der ist wahlweise auch erreichbar durch Erdbeerkuchen mit Rosenduft, neuen Wein unter einem Holunderbaum bei milder Sonne und hundert andere glückliche Verbindungen. Sie sind nur die äußeren Wollustvoraussetzungen. Die inneren sind: Das Universum und der Gärtner oder die Gärtnerin sind für kurze Zeit eins. Ganz bei sich angekommen. Von niemandem ermahnt, angeleitet

oder begutachtet. Einfach glücklich. Mag sein, daß diese Art keuscher Wollust, öfter genossen, fröhliche und zufriedene Agnostiker hervorbringt. Das würde natürlich den Sündenstatus erklären.
Es kann allerdings nicht genug darauf hingewiesen werden, daß sich die besondere, dem Sein und So-Sein im Garten geschuldete Wollust nur einstellt, wenn einem die übrige Welt samt ihren Empfehlungen und Forderungen vollkommen gleichgültig ist. Wie der Rasen, der Hibiskus, der Teich oder der Zaun auszusehen haben, geht keinen etwas an. Und unversehens ist das ersehnte Gefühl dann da. Manchmal sogar bei Regen.
Bisher hatten alle angeführten Todsündenarten im Garten ihre guten und verzeihlichen Seiten. Bei der nächsten, dem Geiz, wird sich nichts dergleichen finden lassen. Wer in seinem Garten den Geiz walten läßt, ist des Teufels. Jeder von uns hat Geizkragengärten schon gesehen. Geizige Leute haben gern viereckige Gärten mit etwas in der Mitte und etwas drum herum, alles schön überschaubar, pflegeleicht, kein Laub abwerfend, billig im Rabatteckchen des Baumarkts erworben. Früher war die Mitte oft ein riesiges Pampasgras mit staubgrauen Wedeln, heute bieten sich Betonungetüme aller Stilarten mit Dauerbepflanzung an. Das Drumherum ist Hecke, einheitlich stachelig, nicht zu hoch, damit man sehen kann, wer kommt und was sich auf der Straße tut und wer ein neues Auto oder Übernachtungsbesuch hat. Wenn Zwiebelblumen auftauchen, handelt es sich meistens um ein paar magere Narzissen. Geizkrägen liegen ständig im Kampf mit der Natur, denn die gibt sich einer manchmal etwas tückischen Großzügigkeit hin. Sie wirft sich mit verschwenderischer Fülle in die Lücken, die der Geizhals ihr läßt. Wenn ein Geizhals beginnt, seinen Garten anzulegen, segnet die Na-

tur grade ihn reichlich mit Gänseblümchen und Gundelrebe. Giersch und Farne schmücken seine öden Beete, die er natürlich viel zu sparsam bepflanzt hat. Diese göttliche Anarchie ist ihm in der Seele zuwider, und wo der großzügige Gärtner ihr umsichtig, geduldig und klug Struktur und Ordnung abringt, reagiert der Geizhals mit Panik. Stein muß her, Beton muß her, Kies muß her, und die wenigen Pflanzen, die der Geizhals mag, dürfen nur den ihnen zugewiesenen Platz beanspruchen.

Außerdem zwingt der Geizhals Pflanzen, die ein reiches Familienleben lieben, zur Einsamkeit. Ein Dahlienbusch allein, eine magere Rose oder eine vereinzelte Malve. Kirschlorbeer läßt der Geizige so lang in seinem Garten wohnen, bis nichts anderes mehr Platz hat. Und Koniferen mag er. Meistens wendet sich die Natur nach einer gewissen Zeit, in der sie sich mit Geizhals-Ärgern amüsiert hat – Nesseln, Brombeeren, Männertreu, Ackerwinde – gelangweilt ab. Der Garten bleibt eigentümlich leblos zurück, der Rasen ist ein stumpfgrüner Teppichboden, die Pflanzen sind autistisch wuchsfaul, nur die nachts herumstreunenden Katzen freuen sich über den akkurat gerechten Kies und halten ihn für ein riesiges Katzenklo.

Manchmal sieht man aber auch sehr kostspielig angelegte Geizgärten. Es sind die, die sich im Lauf des Jahres fast nicht zu verändern scheinen. Grüne Buschskulpturen, wieder Stein überall da, wo sich Unliebsames ansiedeln könnte, exotische Solitäre. Wenn die eingehen, werden genauso Todgeweihte in gleicher Größe nachgepflanzt. In diesen Fällen handelt es sich nicht um Geldgeiz, sondern um Seelengeiz. Gartenbesitzer dieser Art spielen das Spiel aus Wunsch und Wirklichkeit, Erfolg und Verzicht nicht mit, das lebenslang die Beziehung zwischen Garten und Gärtner prägt. Sie erteilen lediglich ih-

rem Grund und Boden Befehle, und der muß sie ausführen. Tut er es nicht, wird er unter Marmor und Zierkies erstickt. Einen Geizgarten, mag er knickrig oder angeberisch sein, erkennt man sofort, nicht nur an seiner Öde, sondern auch an seiner furchtbaren Stille. Ein glücklicher Garten schwätzt und raschelt, knackst, murmelt und piepst immer, jeder hat seine eigene Melodie. Einen Geizgarten hört man nicht.
Sollte man einen solchen übernehmen, zur Miete oder als Kauf, dauert es eine Weile, bis die Erde wieder Mut faßt. Es lohnt sich, Geduld mit ihr zu haben. Sie wird sich von Gift und Versiegelung erholen und schöne Überraschungen bereithalten.
Da ist die Völlerei eine weit angenehmere und gartenverträglichere Todsünde. Allerdings will sie in diesem Zusammenhang erst einmal definiert werden. Gemeint ist nicht der ungezügelte Verzehr von Selbstgeerntetem – es passiert sowieso nur Kindern und Gartenneulingen, daß sie sich beim Abernten des Sauerkirschbaums Bauchschmerzen anfressen. Im Sündensinn heißt Völlerei die willenlose Kapitulation gegenüber den Verlockungen des Handels, obwohl doch jeder, der denen einmal erlegen ist, weiß, wie schlecht ihm das bekommt. Wer der Gartenvöllerei frönt, hortet in Kellern und Schuppen Maschinen, Sämereien, Gefäße und Knollen, für die er weder Platz noch Einsatzmöglichkeit in seinem Garten hat. Einen Sitzmäher zum Beispiel für achtzig Quadratmeter Rasen, auf die man das Monstrum nur hinstellen kann – wenden geht schon nicht. Superhacken, -spaten und -gabeln, von denen man nicht einmal die richtige Handhabung kennt, sonderbare Geräte mit martialischen Schraubgewinden, genug Hornspäne, um ein Rittergut fruchtbar zu machen, tausend Zyklamenknollen, für die man allerdings sehr viel unberührten Halbschattenplatz bräuchte, den man nicht hat.

Der Gartenvöllerei Verfallene sind Wiederholungstäter, jeder Sonnenstrahl läßt sie in Scharen in Baumärkten und Gartencentern einfallen. Man kann nun darüber spekulieren, wer an der unstillbaren Gier schuld ist, ob sie eine Krankheit, eine Droge oder das System ist – ich wage zu behaupten: So sehr man es verachtet und enthaltsam zu bleiben versucht, das Sich-Hineinstürzen in den Gartenüberfluß ist manchmal einfach großartig. Puristen und Gartenkorrekte mögen mit ihren selbstgesammelten Samen und selbstgezogenen Ablegern moralisch haushoch überlegen sein. Nie aber werden sie das köstliche Nachgiebigkeitsgefühl angesichts bunter Pflanzenozeane, rätselhafter Gerätschaften und unzähliger wahnsinnig teurer Knollen, Zwiebeln und Sämereien kennenlernen. Gartencenter ist wie nachts am Kühlschrank: Man weiß, daß es böse endet, aber es ist wunderbar.
Ein Gegenmodell zum Geiz ist die Völlerei allerdings nicht, so leicht darf man es sich nicht machen. Etwas Sinnloses, Süchtiges haftet ihr an, am deutlichsten erkennbar im akuten Zustand: Der Wagen ist mit, sagen wir, fünf Rittersporn-stauden schon überladen. Wo die hingepflanzt werden sollen, hat sich die Käuferin überhaupt noch nicht überlegt, Platz ist sowieso keiner da. Aber das Problem ist weit, nah hingegen eine sechste Staude, besonders schön von Wuchs und Farbe, nach der grade jemand greift. Das darf nicht sein, die Völlerei, die Gier will, daß aller Rittersporn hier und heute unser sei, dieser azurblaue und der helle da auch. Nirgendwo anders soll Rittersporn blühen als in unserem überfüllten Einkaufswagen. Eine Steige Lobelien, man kann ihre Farbe noch gar nicht erkennen, aber da hat eine Frau mit den Worten »Die werden zartrosa!« danach gegriffen. Das geht natürlich gar nicht, zartrosa Lobelien als Versprechen, die müssen unbedingt her. Also werden sie der Konkurrentin entrissen. Längst

vergessen, daß wir uns eigentlich gar nichts aus Lobelien machen. Ebenso vergessen, daß unsere Kübel und Töpfe schon Doppelt- und Dreifachbesetzungen zu verkraften haben.
Wir verleiben uns die Gärten anderer ein, auch und besonders dann, wenn der unsere nur ein Handtuch ist. Viel zu große Sträucher, viel zu viele Samentütchen, viel zu viele Gräser, Polster, Semperviven. Die Gartenvöllerei ernährt viele, manche bringt sie allerdings auch um. Da sehen wir dann die Leichen wertvoller Pyramidenhortensien in einer dunklen Ecke stehen, es muß eben alles im Überfluß dasein, und was zuviel ist, soll ruhig zugrunde gehen.
Manchmal nehmen wir so ein armes Geschöpf mit heim, um unser Gartengewissen zu beruhigen. Da gibt's dann zwei Möglichkeiten: Die gerettete Pflanze belohnt uns durch überschwengliche Pracht, das ist aber sehr selten. Meistens bleibt sie ein ewiger Pflegefall, mürrisch und mager.
Die letzte Todsünde ist die Faulheit, und sie ist gewiß die läßlichste von allen. Eigentlich ist sie, richtig ausgeübt, eine Station auf dem Weg zur Seligkeit. Sonderbarerweise muß man für die richtige Gartenfaulheit allein sein. Den Partner beim Faulsein zu beobachten ist genauso unzumutbar, wie sich selber dabei beobachten zu lassen. Irgend etwas muß ja immer getan werden. Wenn einer innehält und herumliegt und genießt, was unter Umständen zur Todsünde Wollust führen könnte, ist das für den anderen unerträglich. Mit Sicherheit fällt ihm oder ihr eine dringende Arbeit ein, die er oder sie nicht beziehungsweise nicht allein erledigen kann.
Faulheit zeugt Ideen. Der ziellos schweifende Blick des in einer Hängematte untergebrachten Gartenliebhabers senkt sich schmetterlingsleicht auf dieses oder jenes Gewächs hernieder, bleibt ein bißchen sitzen und fliegt dann wieder davon. Manchmal aber verharrt er, und gleich Träumen erscheinen

Bilder, wie es zum Beispiel wäre, vor die strenge Dunkelheit des Taxus die Helligkeit von Herbstanemonen oder Nieswurz zu setzen? Oder die tote Ecke – jeder Garten hat irgendeine tote Ecke – mit Hypericum und Helleborus zum Leben zu erwecken? Beides ist dankbar, wenn man es in den ersten Jahren gut gießt, bis es verwildert und sich selber helfen kann. Oder doch Herbstanemonen? Während der faulenzende Gärtner oder die Gärtnerin an die wachsweißen und rosenholzfarbenen Blüten denkt, die vielleicht eines Tages vor der Eibe schweben werden, fällt der Krimi aus den Händen, und der Gartenschlaf kommt, ein völlig anderer ist das als der im Bett. Im Schlaf werden wir mit unserem Garten eins, hängen da wie eine zu groß geratene Raupenpuppe, ein Teil des Ganzen. Schön. Wenn nicht irgend jemand ruft: Kannst du mir grade mal den Sack Rindenmulch hier rübertragen?

Gärten sind, wir haben es gesehen, imstande, sogar aus den sieben Todsünden der alten Zeit Gutes zu treiben. Bis auf eine kann man sie alle ohne Sorge wachsen lassen. Wenn Hochmut ins Kraut schießt, zähmt ihn der Neid, Wollust besänftigt den Zorn, die schöne Sünde Faulheit läßt die Völlerei vergessen. Nur der Geiz – er ist wahrhaftig des Teufels, er muß ausgerissen und verbrannt werden, man darf ihn nicht bloß auf den Kompost werfen, da treibt er nämlich aus, oder er vergiftet, was gut und brauchbar ist. Eigentlich ist er die einzige der Todsünden, die eine bleibt. Im Garten und überall sonst.

Vorgärten

»Lauter Unfaßlichkeiten / von denen nichts bleibt / als ein Verwundern dessen / den der kapitale Beton / entbarg: ›Der Städter / in der Natur‹« Günter Kunert

Es gibt zu allem, was Gärten betrifft, unbeugsame Meinungen und Wörter, um die man kaum herumkommt. So wird zum Beispiel jedes kleine grüne Inferno zum Paradies erklärt. Ebensooft nennen Gartengurus einen Vorgarten »Visitenkarte«. Das ist Unsinn. Ein Vorgarten ist vieles, aber keine Visitenkarte.

Vorgärten sind Umarmungen oder Abwehr, Gleichgültigkeit oder Angeberei, Unter- oder Übertreibung, blinde Gefolgschaft für allerlei Moden – und vor allem sind sie eine gefährdete Spezies. Viele von ihnen sind schon spurlos unter Straßenbelag verschwunden oder Parkplätzen gewichen. Der Rentabilität halber quetschen moderne Bauherren ihre Hervorbringungen so dicht an die Straße, daß höchstens noch ein Löwenzahn an der Mauer Platz hat. So werden unnütze Schwierigkeiten vermieden. Wo nichts ist, braucht sich niemand über Gestaltung und Pflege Gedanken zu machen. Wir reden von öffentlichen Vorgärten, zu den privaten kommen wir später. Öffentliche Vorgärten sind die, für die einst der scheußliche Begriff pflegeleichte Bodendecker erfunden worden ist. Diese stacheligen Niedriggewächse verschwinden allmählich, weil sich herumgesprochen hat, daß sie in Verbindung mit weggeworfenen Hamburgerbrötchen oder Chips für Freude und Fruchtbarkeit bei den Stadtratten sorgen. Vorgärten von Mietshäusern sind umkämpftes Gelände, weil in ihnen Fahrräder, Kinderwagen, Sandkisten oder

– von der Ästhetenfraktion – Blumenkübel und Buchskugeln Heimstatt finden sollen. Außerdem mögen Hunde Vorgärten sehr, wenn sich ihnen nicht ordentliche Zäune oder Hecken in den Weg stellen.
Die deutlichste Aussage, die deutsche Mietshausvorgärten machen, ist: Hier wohnen Mülltonnen. Wenn nur der Bepflanzung, Nutzung und Pflege der Vorgärten ein Bruchteil jener Phantasie gälte, die für Behausungen von Abfalltonnen aufgewendet wird. Umrankte Hüttchen und bauhausartige Unterkünfte für die sogenannten Wertstoffbehälter, es sieht aus, als wären sie der einzig stichhaltige Grund, überhaupt so etwas wie einen Vorgarten zu haben.
Der zweite Wilhelm, deutscher Kaiser, der sich ja in alles eingemischt hat, wollte Magnolienbäume durchsetzen. Chausseeseits.
Magnolienbäume kommen tatsächlich in manchen Straßenzügen gehäuft vor, und das ist im Frühjahr ein wundervoller Anblick. Eine Magnolienstraße, mit alten Bäumen, kann für Wochen immer neue Jubelrufe bei Passanten auslösen. Allerdings macht ein einziger winziger Nachtfrost aus dem Traum einen Alptraum, an den Bäumen hängen dann braune, traurige Putzlappen. Meistens aber sieht man schüchterne Wiesenstückchen, düstere Cotoneaster, Mispeln, die im Katalog als absolut anspruchslos bezeichnet werden, immer noch viel Nadelgehölz, heimisches und exotisches, obwohl man das aus der Stadt lang schon hätte verbannen sollen. Manchmal schaut es auf einem Dutzend Quadratmeter aus wie im tiefen Schwarzwald, weil keiner geahnt hat, zu was Tännchen fähig sind, wenn man sie gewähren läßt. Also keine Nadelhölzer, auch wenn sie das ganze Jahr gleich aussehen und das nicht machen, was Städter in jedem Herbst aufs neue aufzuregen scheint: Laub. Laub fällt auf den Boden und aufs Auto-

dach, ist überhaupt ein Ärgernis. Deshalb haben ja die formstabilen, einfarbigen Nadelgewächse so überhandgenommen. Daß sie, wenn niemand etwas unternimmt, mit ihren düsteren Zweigen bis in die oberen Stockwerke wachsen und die Aussicht verfinstern, bedenkt keiner.

Dagegen werden auch die einfallslosesten Plattensiedlungen durch große, alte Laubbäume, zum Beispiel Kastanien oder Scheinakazien, erträglicher. Birken sind auch schön, sie geben dem Gelände ein bißchen russische Romantik. Oder Flieder. Fliederbäume in allen Farben sind wunderbare Hausbäume, auch wenn man sie im Mai bewachen muß, vor allem vor dem Muttertag. Früher waren Vogelbeerbäume beliebte Hausbäume, man sagte, wenn sie Farbe bekommen, ist der Sommer vorbei. Sie waren die Lieblingsbäume der Sudetendeutschen, viel besungen, und aus ihren Beeren kann man einen der allerteuersten und besten Schnäpse auf Erden machen. Klassische Hausbäume auf dem Land sind bis zum heutigen Tag Birnen. Ich glaube überhaupt, daß es der Aufwertung des Gemeinschaftvorgartens sehr dienen würde, wenn sich die Mieter auf Obstbäume einigen könnten. Es gibt auch, vor allem in den Vielvölkerquartieren, immer wieder tapfere Versuche – wahrscheinlich von Frauen, die um den Wert des Bodens von zu Hause her noch wissen –, unter Balkonen und auf räudigen Wiesen Tomaten, Zucchini, Kürbisse und Gurken zu ziehen. Das ist tausendmal schöner als die mit Lieschen bepflanzten Autoreifen oder die üblichen Hortensienknödel in der Vorgartenmitte. Überhaupt wird es immer interessant – trotz des wilhelminischen Verdikts, keinen Kohl und keine Kartoffeln chausseeseits sehen zu wollen –, wenn Bauerngartenelemente in die Städte und vor die Wohnblocks vordringen. Die städtische Ordnungsbehörde sieht das nicht gern, woran man ihre feudalstaatliche Tradition gut erkennen kann. Sie mißtrauen dem kleinen Glück und wollen lieber überall eine anonyme Designersprache durchsetzen. In manchen Städten müssen alle Sonnenschirme im öffentlichen Raum dieselbe Farbe haben. Es ist die alte Sache mit der Ordnung: Sie verzieht sich eben gern, wenn Menschen sich etwas aneignen, ohne höheren Auftrag, nur so, weil es eben da ist. Dann stellen sie einen Grill und Bänke in den Hundertparteienvorgarten und pflanzen vielleicht Radieschen und Ranunkeln, die sie nach einer Woche vergessen haben, woraufhin sie verdursten. Dennoch sind das Versuche, die man liebevoll betrachten sollte, sie sagen nämlich »Ich« oder noch besser »Wir« im Schatten der Wohnblöcke.

Die bevorzugte Alternative heißt: Wehret den Anfängen. Da kommt dann alle paar Wochen ein Trupp von irgendeiner Firma, stellt den Laubbläser laut, kappt die Büsche auf Fassonschnitt, mit Blumen hält man sich sowieso nicht auf, fegt, was zu fegen ist, gießt die vorgeschriebenen dreißig Minuten und haut wieder ab. Und der Hausmeister freut sich über seinen abermaligen Ordnungssieg.

Es gab vor Jahren in der Frankfurter Innenstadt ein interessantes Experiment, und weil es gutging und schön war, hat man es schleunigst beendet. Ein Platz lag brach, sozusagen ein innerstädtischer Vorgarten, und den legte man an – nicht mit ödem Dauergrün, langsam wachsend und blattlos, sondern richtig mit Rosen und Lavendel, Malven, Cosmeen und Margeriten, es blühte nur so um die Bänke herum. Und, o Wunder! Obwohl der Platz ein Treffpunkt für Hamburger mampfende Kinder, Pappbecher schwingende Banker und biertrinkende Obdachlose war: Man sah viele lächeln, manche die Nase in die Rosen halten – aber nie jemanden etwas wegschmeißen oder zertrampeln. Daraus wäre soviel zu lernen gewesen, aber niemandem lag daran. Und so ist der Platz

jetzt eine zugepflasterte Öde mit der üblichen Bäumchenparade. So halten es auch Banken, wenn sie Vorgärten haben: ordentlich aufgereihte Bäumchen, wenn Blumen, auch ordentliche. Die Bundesbank zum Beispiel hat die dicksten Hortensien. Das sind so disziplinierte Blumen, deswegen dürfen sie fast als einzige in die öffentlichen Vorgärten. Hortensien und Rhododendren – beide brauchen nur eine eigene Wasserleitung.

Banken stellen auch gern irgendein teures Kunstwerk in ihre Vorgärten, das gibt einen guten Fotohintergrund. Manchmal – ich weiß nicht, ob das bewußt geschieht – verwandeln öffentliche Institutionen ihre Vorgärten in eine Art Privatarmee: Buchs, Liguster, Taxus und was sich sonst noch gut in Form schneiden läßt, marschiert bodyguardgleich in Männleinform auf, dicht bei dicht. Wenn das schon sein muß, ein Rat: Am militantesten wirkt der kleinnadelige Taxus adpressa, wegen seiner Farbe. Seine Nadeln, die nur etwa einen Zentimeter lang werden, bilden eine ganz dichte Oberfläche. Das gibt ihm etwas Unüberwindliches.

Natürlich sind Gärten Moden unterworfen, und es stellt sich heraus, daß das Strenge, Grade, Geometrische von Stadtgestaltern nicht nur in der Vertikalen geliebt, ja, als einzig akzeptable ästhetische Lösung geduldet wird. Haben Sie schon mal das Gesicht eines Architekten gesehen, dem man sagt, man finde ein Hundertwasserhaus hübsch? Auch Vorgärten sollen sich nicht als Tröster und Milderer der scharfen Linien aufspielen dürfen. Und so werden von den Baumschulen Bäume angeboten, die den bei Modellen benutzten Architektenbäumchen aufs Blatt gleichen. Platanen sind zum Beispiel prima. Weil man sie alljährlich zum Krüppel schneiden darf, geraten sie schön kugelig. Hortensie, Buchs und Platane. Kugel und Quader. Damit kann ästhetisch nichts schiefge-

hen, nichts Unvorhergesehenes verstört die Blicke. Am allersichersten ist es, wenn man den ganzen Eingangsbereich öffentlicher Gebäude mit Travertinplatten sichert und nur ab und zu eine wegläßt. Was dann da rauskommt, wächst zwangsläufig viereckig.
Es wäre schön, wenn die Vorgärten öffentlicher Gebäude so gestaltet würden, daß sie dem Besucher vermitteln, es werde drinnen schon alles nicht so schlimm werden. Wenn ihnen Gärtner zugestanden würden, die ihre Phantasie spielen lassen dürften. Ein Mohnfeld, prachtvoll rot, rosa und weiß vor dem Polizeipräsidium – wäre das nicht ein Traum?
Private Vorgärten kann man lesen – nicht wie Bücher oder Zeitungen, Vorgärten sind kurze Mitteilungen, etwa wie Postkarten. Es steht doch mehr drauf als auf der eingangs erwähnten Visitenkarte. Manchmal sind auf kleinstem Raum ziemlich viele Informationen über den dahinterwohnenden Gärtner oder die Gärtnerin zu finden. Vor allem dann, wenn die Häuser einander so ähnlich sind, wie es die Architekten der Zwanziger gewollt und alle anderen ihnen dann nachgemacht haben. In diesen Gegenden ist es spannender, Vorgärten zu studieren als in den Villenvororten, in denen ein geübter Blick den beauftragten Gartenarchitekten an Pflanzenauswahl und Aufteilung erkennt.
Zwei Häuserreihen in einer mittleren Wohngegend, es sind kleine Häuser, kleine Gärten, eine schmale Straße trennt sie. Drei der fugenlos aneinandergebauten Häuschen verstecken sich hinter buschigen Hecken, wie Männer hinter Vollbärten. Zwei haben keinen Zaun, sie scheinen jeden einzuladen, die Miniaturwiese zu betreten und den Busch in der Mitte zu bewundern. Eins hat einen Rosenbusch, das andere so ein asiatisch frisiertes Gewächs, das wie das Atomium aussieht, grüne Knubbel, die durch dünne Äste verbunden sind. Es ist

mutig und zeugt von Freundlichkeit gegen Mensch und Tier, den Garten so offen zu lassen. Die Rose ist eine schön gezogene Säule mit Hunderten kleiner rosaweißen Blüten, eine Rambler, sie heißt Blushing Bride. Das bizarre Bäumchen sieht nach Urlaubsmitbringsel aus, es kann natürlich auch hier gekauft und dann geduldig-sehnsüchtig auf thailändisch getrimmt worden sein. Die beiden Gärten liegen nicht nebeneinander, und dadurch, daß die jeweils fehlenden Zaunstücke nur sehr kurz sind, hat man erst den Eindruck, da sei ein Auto reingefahren. Daß eine wohlüberlegte Entscheidung dahintersteht, aus der Reihe der Geschützten heraus sich lieber schutzlos zeigen zu wollen, erschließt sich erst bei näherem Hinschauen. Die Grenze zwischen Gehsteig und Vorgarten ist bei dem einen durch Alyssum gemildert, das sich wie ein Pelzkrägelchen zwischen Stein und Erde gelegt hat. Bei dem thailändisch inspirierten Vorgarten übernimmt ein weißgeränderter Efeu die Rolle. Ein anderes dieser Schaufenstergärtchen müßte man im Winter anschauen, denn es beherbergt ausschließlich winterharte Kamelien. Dicht sind sie gepflanzt und durch einen Staketenzaun geschützt. Wahrscheinlich ein Sammler. Kamelienliebhaber lassen sich meiner Erfahrung nach durch nichts von ihrer Liebe abbringen, auch nicht durch die Kürze und Zerbrechlichkeit ihres Glücks. Schon im nächsten Garten, vier Meter weiter, ist alles anders. Ein halbhohes Mäuerchen erlaubt ungehindert den Blick in einen Jahreszeitengarten von nicht mehr als zwölf Quadratmetern. Der Besitzer war sich der Höhe seines Grundstücks wohl bewußt und läßt alles klettern, der Boden gehört dem Frühling, man sieht noch die Reste der Zwiebelblumen, wild durcheinander Schneeglöckchen, Traubenhyazinthen, und da sind die großen Fächerblätter, zu denen sich die bescheidenen gelben Winterlinge entwickeln. Rosen und Geißblatt, Glyzinie und Clematis treiben den Sommer bis zum Dach hinauf, und für den Herbst steht da ein Ginkgo biloba. Er ist ein bißchen staksig, dazu neigen Ginkgobäume leider. Aber sein Gold wird im Herbst über diesem winzigen Garten lodern. Und für den Winter hat der kluge Vorgärtner offenbar verschiedene Gräser ausersehen. Nichts ist bezaubernder als Rauhreif auf Gräsern.

Vorgärten erzählen viel, wenn man sie richtig zu lesen versteht. Wo jemand alt ist oder krank zum Beispiel und daß auch zwölf Quadratmeter zur unermeßlichen Mühsal werden können. Da wächst dann nur noch zähes Zeug, und Unglücksgewinnler machen sich breit. Zum Beispiel die Mahonie, die ist so ein Profiteur, wenn sich jemand nicht mehr wehren kann. Eigentlich hübsch, dunkelgrüne, stachelige Blätter, die sich manchmal ins Knallrote verfärben, nach Honig duftende gelbe Blütentrauben. Der Geruch ist ein kleines bißchen eklig, wie manche Süßigkeiten. Überall geht sie hin, die Mahonie. Weidenröschen machen das auch, die sind sogar sehr hübsch, zart, hoch und rosa. Trotzdem sind sie Geierpflanzen, die sich mit Vorliebe auf sterbende Gärten setzen. Und auch die Eichhörnchensaat, Nußbaum- und Ahornschößlinge, gedeiht dort ungehindert.

Kleine Vorgärten können auch ganz anders sterben, sie können am falschen Prunk eingehen. Handgeschmiedeter Zaun, Zierkiesel, rechts und links Dreihundert-Euro-Buchse und als Blickfang ein japanischer Fächerahorn in der Mitte.

Steine im Vorgarten sind schön. Steine im Vorgarten sind scheußlich. Wer sich die Angebote der Vorgartengestaltungsindustrie anschaut, neigt eher zur zweiten Meinung. Steinerne Brachiallösungen für kleinsten Raum kommen immer mehr in Mode, und wieder heißen sie pflegeleicht. Mauern, Stufen, Abgrenzungen, Kübel, und das möglichst in einem

Dutzend verschiedener Steinformen und -farben, damit der Eindruck von Üppigkeit entsteht. Gemustertes Pflaster, rotgefärbter, auf Terrakotta getrimmter Beton in halbrunden Formen, der als Zerrbild eines Steingartens dient – nichts ist zu häßlich, als daß es nicht verbaut würde. Man muß aber, wenn man dem Stein Einlaß in seinen Vorgarten gewährt, immer wissen: Er verhindert Wachstum. Er versiegelt Erde. Er hält ihr gewissermaßen den Mund zu. Und nichts kann trostloser aussehen als ein zugepflasterter Garten, dessen Besitzer das mit der Pflegeleichtigkeit so verstanden hat, daß er sich nie mehr zu kümmern braucht. Für einen Weg, eine kleine Begrenzung, ein Spiel mit verschiedenen Ebenen, für die Strukturierung eines ansteigenden oder abfallenden Bodenstücks ist er unschätzbar. Aber lieber Naturstein aus der Gegend nehmen und nicht die Sonderangebotspalette der einschlägigen Großmärkte. Es geht auch, wie so oft, ums Altern. Naturstein bekommt eine schöne Patina, Kunststein oft eine häßliche. Seltsam düsteres Moos macht sich breit, kränkliche Flecken erscheinen, selbst engste Fugen können nicht verhindern, daß sich unter dem Pflaster der Strand regt und sich manchmal etwas ans Tageslicht quetscht. Meistens ist es nichts Hübsches, sondern nur mitleiderregend. Aber selbst eine Distel oder einen Birkenschößling sehe ich in diesen versiegelten Gärten mit Rührung. Natürlich weiß ich, wie schwach das ganze martialische Westwallgetue in Wirklichkeit ist. Das, was drunter ist, lebt ewig und gewinnt letztlich.

Das kann man auch gleich haben und sogar fördern, indem man Stein und Pflanzen einander ergänzen läßt. Am schönsten geht das mit Polstern aller Art, weil die bauschige Struktur von Blaukissen, Polsterphlox, gelbem Ageratum und Moosen die harten Konturen der Steine so schön mildert, die

Steine aber wiederum verhindern, daß ein Blumenbrei entsteht. Sukkulenten machen sich, wenn genügend Sonne da ist, auch wunderbar, sie gehören zu Naturstein und Ziegel wie die Reiher zum Nashorn.

Viele Vorgärten liegen nach Nordosten, haben also eher wenig Sonne. Das Hypericum – Johanniskraut – soll verdunkelte Seelen aufhellen können, als Naturheilmittel ist es sehr beliebt. Ob es wirklich hilft, kann ich nicht sagen. Daß es aber sehr geeignet ist, dunkle Vorgärten aufzuhellen, steht außer Frage. Alle seine Sorten setzen unverdrossen leuchtende gelbe Blütenakzente, auch wenn die Büsche keine Sonne haben. Im ersten Jahr nach dem Pflanzen tut sich oft noch nichts, da muß man genug gießen, bis die Büsche sich akklimatisiert haben. Danach werden sie prachtvolle Gewächse, auch die Fruchtstände mit den orange oder roten Beeren sehen schön aus. Man kann im Schatten auch Funkien gut als Lichter benutzen, am besten die Sorten mit den hellen oder weißgeränderten Blättern. Wer es unbedingt mit Farnen probieren will – bitte. Sie sind Alles-oder-nichts-Pflanzen, sie mickern entweder oder wuchern alles zu. Und Vorgärten voller Farne sehen aus, als hätte man ein Stück Wald gestohlen. So darf er natürlich aussehen, der kurze oder längere Weg ins Haus: Wald, Wiese, Rosengarten, Versailles, Steinwüste, Chaos, Ordnung, Zuversicht, Resignation – was immer wir da pflanzen, erzählt etwas über uns. Nicht jeder, der uns besucht, merkt das. Aber sie ist da, die Geschichte vor unserem Haus. Willkommen, sagt sie. Manchmal auch: Bleiben Sie mir vom Leib! Aber die meisten hören gar nicht zu.

Kleinerer Versuch über den Schmutz

»wie das aus den Knollen fährt und ins Kraut schießt und sich dann im Beet drängelt und einander abwürgt, also vielen Dank«
Christian Enzensberger

Einen Garten ohne Schmutz gibt es nicht. Und nicht nur das: Ein Garten ist die beständige Erinnerung daran, daß alles Schöne sich in Dreck verwandelt, und das manchmal erstaunlich schnell. Schmutz ist Moden unterworfen wie alles andere auch. Meistens sind die Zeiten um so ablehnender, je mehr Dreck sich vorher angesammelt hatte.
Die fünfziger und sechziger Jahre galten als sauberkeitsverrückt, keine dunklen Ecken mehr, kein Unterholz im Garten, man zeigte, daß man nichts zu verbergen hatte. 1968 wurde der Schmutz, nicht zuletzt durch Christian Enzensbergers Buch *Größerer Versuch über den Schmutz*, rehabilitiert, es folgte eine Diktatur der Dreckecken, des Wildwuchses, der Anarchie. Wer putzte, beschnitt und Unkraut rupfte, hatte in der damaligen Jetztzeit nichts verloren. Aus dem Schmutz stieg der Phönix der Wahrheit. Die hygienischen Abenteuer studentischer Wohngemeinschaften wurden zur Legende. In den dazugehörigen Gärten durfte alles machen, was es wollte, auch das Vogelfutter, das zu Schwarzem Nordendler gedieh. Gleichzeitig streckten Naturliebhaber ihre ersten zarten Wurzeln aus, mit einem Enthusiasmus, als sei zum erstenmal auf Erden die unbefleckte Empfängnis einer echten Rübe, einer echten Kartoffel möglich. Die Generation davor war froh gewesen, daß Rüben und Kartoffeln nicht mehr selbst aus dem Dreck gezogen werden mußten, sondern in Plastikfolie verpackt die Hände sauber ließen.

Jeder von uns kommt mit einer Dosis Reinheit zur Welt, deren Bestimmung es ist, herabgesetzt zu werden durch jene Versündigung an der Einsamkeit, die der Umgang mit den Menschen bedeutet.

Enzensbergers Vermutung bringt einen darauf, zu denken, was einem zuvor nicht eingefallen wäre: Das Zusammenrotten, die Gruppe, das Verklammertsein mit anderen nimmt die Reinheit weg. Vorher: Viel Zusammenrottung, viel Dreck. Dann: Vereinzelung, Saubermachen, Sauberhalten. Dann, mit der überschätzten kleinen Revolte von 1968, hält die Gruppe, hält der Schmutz erneut Einzug. Und danach wieder die allmähliche Loslösung des einen vom anderen, und die Herrschaft des Schmutzes fand erst einmal ein Ende. Irgendwann ernteten die Naturanbeter, die der Brennessel und anderem Pflanzenschmutz in ihren Gärten Asyl gewährten, nur noch achselzuckenden Spott. Das mache man nicht mehr, das sei gestrig. Der Respekt vor dem Schmutz – oder gar die Freude an ihm – sei nichts anderes als getarnte Faulheit. Ordnung war wieder angesagt, auch in den Gärten. Es half nichts mehr, jedes vernachlässigte Eck zum Biotop zu erklären, aber eins war doch übriggeblieben: Die Chemie behielt ihre schlechten Karten. An ihre Stelle trat das Naturwunder, und erwachsene Gärtner glaubten gern daran, daß es völlig ungiftige Substanzen gäbe, die den Tierschmutz, das Lausige vernichten und alles andere in Frieden und am Leben lassen würden.

Als das Jahrtausend zu Ende war und ein neues begonnen hatte, war der Schmutz kein Feind mehr, sondern man hielt ein Leben ohne seine Anwesenheit für möglich. Das war immer ein Versprechen der Moderne gewesen, eine Existenz ohne Moder, Matsch, heimliche Ecken, Dreck und Verwahrlosung. So sehen die Gärten, die von Professionellen gestaltet werden, auch aus. Ebenso die Gärtnereien, wenn es sich nicht um die paar übriggebliebenen Klitschen aus dem vorigen Jahrhundert handelt. Die Erde ein hocheffizientes Substrat, durchsetzt von Tausenden identischer Töpfchen, in denen, von einer Regenmaschine computergesteuert feucht gehalten und gedüngt, identisch fette Pflänzchen heranwachsen. An Schmutz denkt da keiner. Allerdings ist dieser Substanz etwas beigemischt – und das sieht jeder, der einem Pflanzenkaufrausch erliegt –, das dicke, bunte, prahlerische Blumen merkwürdig rasch zu Schmutz werden läßt. Besonders auffällig ist es bei den hübschen Lückenfüllern und Allzweckwaffen, die früher so verläßlich den ganzen Sommer über durchhielten: Lobelien zum Beispiel oder die verschiedenen Lieschen, Steinkraut, Margeriten. Kaum gekauft, machen sie trotz guter Pflege schlapp, verknittern, verfaulen, brechen einfach in ihren Töpfen zusammen und wollen nichts als auf den Komposthaufen. Als nähmen sie den schnellen Tod willig hin, um endlich mal richtige Erde zu spüren. Sie verwelken nicht mehr langsam und in schön anzusehenden Stadien, sie lassen einem nicht mehr die Zeit, sich mit der Vergänglichkeit zu versöhnen. Sie bilden keine Früchte oder Samen, keine Kapseln oder Schoten, sie zeigen nicht, daß es irgendwie weitergehen wird. Es ist ein schlagartiges, schnelles und erwünschtes Verrecken, um neuer Jugend Platz zu machen.

Wer auf diese übertriebene Üppigkeit reinfällt, und ich kenne niemanden, der das nicht gelegentlich tut, wird zuverlässig enttäuscht. Auch wenn man sich bemüht, und das tut man ja, grade wenn man ein so offensichtlich gedoptes Pflanzenkind auf den Weg von Normalität und Tugend zurückbringen will. Das Beste, was passieren kann, sind im Folgejahr etwas mürrische, ungelenke Pflanzen mit normaler Blütenanzahl. Über die freut sich ein mitfühlender, man kann auch sagen, sentimentaler Gärtner, es ist doch irgendwie ein moralischer Erfolg. Allerdings sehen solche den Drogen entrissenen Opfer nie mehr besonders gut aus, es fehlt eben an einer vernünftigen Kindheit. Und dann kommt irgendwann doch die Frage, rausreißen, endlich Schmutz werden lassen oder weiterschleppen?

Es gibt Schmutzlieferanten, deren man nicht so ohne weiteres Herr werden kann, das sind die Bäume. Nachbarschaftsstreit droht im Herbst, wenn die alljährlich neu schmerzende Erkenntnis über die Unbeherrschbarkeit fallender Blätter Hausbesitzer und Straßenanrainer erbittert. Dieser Haß über die goldnen Taler der Birken. Die Warnungen vor der Unverrottbarkeit von Eichenlaub. Da ist es nur konsequent, daß ein Lifestyleblatt sehr lobend über einen für sein cholerisches Temperament bekannten pensionierten Torhüter berichtet, er plane für sein neues Haus einen so gut wie baumlosen Garten. Da wird manchem Schmutz ein für allemal ein Ende gemacht werden. Keine runterhängenden und unkontrolliert wachsenden Zweige, keine nadelnden und rindebröselnden Äste, keine Blätter in welchem verfaulten oder vertrockneten Zustand auch immer.

Es gibt Bäume mit gutem, schlechtem und ganz schlechtem Ruf. Birken zum Beispiel, lichte, leichtfertige und zähe Bäume, haben einen ganz schlechten Ruf in der Stadt. In russischen Wäldern oder in einem Bühnenbild für Gorkis *Sommergäste* mögen sie richtig sein, sagt ein gebildeter Nachbar, an der Straße, im Vorgarten oder sonstwie in Menschennähe aber hätten sie nichts verloren. Im Frühjahr machen sie Schnupfen und Pollenschmutz auf geparkten Autos, und im Herbst sieht niemand, wie wunderbar die goldenen Blätter sind, sondern die Empörung über den Birkendreck wird letztlich zu ihrer Exekution führen. Mir gegenüber stand eine, weiß und luftig, auf ihrer höchsten Spitze saß allabendlich ein Amselmännchen und sang ein unglaubliches Repertoire. Weg ist sie, weg ist der Amselherr.

Was er meint, sind diese Schlafsiedlungen, diese Punkthäuser, diese kreuzungsfreien Straßenführungen, diese Verkehrsflußdichten, diese Sanierungen, diese Umgehungsstraßen, diese städtebaulichen Akzente, diese Südbalkone, Balkone überhaupt meint er. Diese Fußgängerpassagen sind, was er meint, diese Zweifamilienhäuser, diese Rasenmäher, diese Astern-, Dahlien-, Fuchsienstraßen, diese Rudyard-Kipling-Wege, diese Schmucktannen sind es, diese Taxushecken, diese ausklappbaren Gartenmöbel –

Keinen Platz können sie in diesem Szenario finden, die Birken, soviel ist klar. Sie machen Schmutz, sie sind unbescheiden, vielleicht hat das eine mit dem anderen mehr zu tun, als man denkt. Es sind die eher leichtsinnig aussehenden Bäume, die man mit Macht aus der städtischen oder vorstädtischen Ordnung verbannen will, auch Lärchen gehören dazu. Der herbstliche Nadelteppich macht sie unbeliebt, dabei sind sie doch die einzigen Nadelbäume – sie sind keine wirklichen, sehen aber so aus –, die Fröhlichkeit ausstrahlen. Also die muß da weg, da haben wir doch unseren Carport! Vor allem Autobesitzer wollen dem Naturschmutz mit aller Macht Einhalt gebieten. Im Frühling und im Herbst ist der Wagen unerträglichen Dreckattacken ausgesetzt, Schmiere aus Pollen, eine Kruste aus unbekanntem Baumauswurf, Vogelscheiße, die Natur verdreckt von oben das wichtigste Eigentum. Auch deswegen sollten Bäume nicht sein, wo Autos ihren Ruheplatz haben, denn wenn keine Bäume da sind, können sich auch keine Vögel draufsetzen. Dreck zieht Dreck nach sich, das weiß jeder, der wenigstens in seinem Garten zeigen will, wie ein sauberes Universum aussehen könnte. Es ist ein stän-

diger Kampf. Dabei stören Thujen, Taxus und das, was Enzensberger *Schmucktannen* nennt, nicht so empfindlich, vor allem, wenn sie im Zaum gehalten werden.

Vielleicht hat es mit einem kleinen eingetrockneten Geflecht angefangen, das von irgendwo heruntergekommen ist wie eine Flocke isländisches Moos. Das lag eine Weile da, dann ist es aufgegangen, hat Fäden ausgestreckt, seine Ausläufer sind immer länger und dünner geworden, immer stoffloser, sie haben sich an alles hingemacht, sich überall und in jeden hineingestreckt, im Schlaf, beim Sonnenbaden, sie tun nicht weh, sie jucken manchmal ein wenig, ab und zu bekommt einer einen Ausschlag, den niemand erklären kann.

Auch diese Art Schmutz gedeiht im Garten, und die Assoziationen, die das Wort Flechte hervorruft, sind unangenehm. Flechten wachsen an Baumstämmen, auf dem Boden, auf Steinen, sie sind schön und eklig zugleich. An Flechten auf der Haut muß man denken, obwohl man das gar nicht will. Moose und Flechten sind auch irgendwie Schmutz und zeigen sich, wo sie nicht sein sollten, wo man sie nicht sehen will, in der Garageneinfahrt oder auf der Terrasse. Auf Grabsteinen sind sie vielleicht in Ordnung, aber doch nicht auf den Steinen, auf denen wir leben. Es gibt allerdings Menschen, die diesen Grabesbewuchs auch auf dem Friedhof nicht haben wollen, grade da nicht. Sie bekämpfen im letzten kleinen Garten, den der Mensch bekommt, jeden beginnenden Schmutz. Tote Blätter müssen weg, weh dem, der sein Grab unter Birken gefunden hat! Auch die Pflanzen, die Stiefmütterchen und Katzenpfötchen und die Fleißigen Lieschen werden entfernt, bevor sie verwelken oder gar sterben. Gräber sollen lebendig aussehen.

Für Furchtlose und Fatalisten ist Moos etwas Herrliches. Immerhin sieht es im Rasen wenigstens grün aus, vor allem, wenn man die Brille nicht aufhat. Für ordnungsliebende Gärtner aber ist es der Inbegriff des Rasenschmutzes. Auch mit dem Moos wird der Kampf niemals enden, aber so ist es mit jedem Schmutz, es gibt nur Etappensiege.

Vom Moos zum Wasser ist es nur ein kurzer Schritt. Auf feuchtem Stein gedeiht Moos besonders schön. Wer es genau anschaut, sieht, daß es aus Tausenden von winzigen Bäumchen besteht, mit Stämmen und Kronen, gefiedert oder mit kleinen Blüten. Es gibt unzählige Sorten, auf einem halben Quadratmeter kann ein veritabler Mischwald wachsen. Im Gartencenter gehören seinen Bekämpfern mehrere Meter Regal. Noch viel mehr Regalmeter enthalten Mittel gegen den Wasserdreck. Jeder möchte gern Wasser im Garten haben, allerdings ohne Schmutz. Das ist fast unmöglich, aber eine ganze Industrie lebt vom Kampf.

Ein Becken, ein Brunnen, eine kleine Kaskade, nichts ist bezaubernder. Das Ideal ist glasklares Wasser, durchsichtig bis zu den sauberen Steinen oder Fliesen auf dem Grund, starkfarbige Fische, die aus der Hand fressen, schwimmende Schmuckpflanzen, ein makelloser Rand. Die Realität ist, Fische, Sonne und Pflanzen machen Schmutz. Ja, auch die Sonne in diesem Fall, sie treibt die Algen zur Wucherung und läßt lange, wabbelige Algenpelze wachsen, ganze Boas und Schleppen aus Algen, in denen sich die starkfarbigen Fische tummeln, die zum Schmutz wesentlich beitragen. Auch die Bäume tun das Ihre und schicken alte, modrige Blätter auf den Grund. Im Wasser ist der Schmutz am geheimnisvollsten, das Element selber soll ihn ja eigentlich bekämpfen. Aber es zieht ihn an. Die schneeweiße Vogeltränke weist nach kurzer Zeit einen grüngrauen Belag auf, jetzt will man gar nicht mehr wissen, mit welchen Mitteln die Kristallklarheit luxuriöser Swimmingpools erreicht wird. Dreck und Wasser von-

einander zu trennen geht nur mit Gewalt und nur für kurze Zeit.
Ich habe Gartenbesitzer erlebt, die zu Sklaven der Wasserklarheit geworden waren, mit einem Gerätepark aus Saugern, Pumpen, Filtern und Keschern, den sie andauernd mit sich herumschleppten oder umbauten, neu erfanden, änderten, auswechselten. Das ist ähnlich wie bei den Amerikanerinnen mit ihren ganztägigen Lockenwicklern – der Zustand der Perfektion, der Schönheit, wird nie erreicht, immer nur vorbereitet.
Es gibt Gärtnerinnen, seltener Gärtner, die ohne Handschuhe nicht in ihren Garten gehen, und nicht nur, wenn Brombeerwildlinge rauszureißen, Rosen und andere Stachelsachen zu schneiden sind oder man den Disteln endlich grundsätzlich ein Ende machen will, was nicht gelingt, und schon gar nicht mit Handschuhen. Sie haben immer Handschuhe an, und nicht nur die zu diesem Zweck hergestellten, die immer ein bißchen peinlich aussehen, so gewollt niedlich oder gewollt professionell. Eine Gärtnerin kannte ich, die hatte von einer Tante einen ganzen Kasten alter Ballhandschuhe geerbt, und die bekamen nun ein neues, wenn auch kurzes Leben. Sie waren aus allerfeinstem, dünnstem Leder, weiß, und am Handgelenk hatten sie kleine Perlenknöpfchen, wahrscheinlich damit die Hand zum Küssen raus konnte. Die Handschuhbesitzerin entging so dem Dreck und hatte doch den richtigen Griff, wie sie es nannte. Außerdem reichten die Dinger bis über die Ellenbogen, so daß die Unterarme unversehrt blieben, und ihren manikürten Nägeln passierte nichts. Auch ihr Garten war, vor allem im Frühjahr, ziemlich makellos. Den Herbst verbrachte sie sowieso im Süden, in fremden, steinernen, immergrünen, sauberen Gärten.
Gartenbesitzern, die den größten Teil des Jahres mit dem

Schmutz gekämpft haben, sind wenige Tage des Glücks gegönnt, manchmal sind es nur Stunden. Wenn sich nämlich nachts eine frische Schneedecke über den Kampfplatz gebreitet hat, alles ist ganz klar und rein, eine wunderbare Ordnung, die nichts stören darf, höchstens Vogelkrallenhieroglyphen sind zu ertragen. Das dauert nicht lang, man sollte es genießen und vielleicht anerkennen, daß man nichts dazu hat beitragen können. Man kann ihn auch nicht schützen oder verlängern, den wunderbaren Stillstand. Die weißen Reiffedern der Gräser und die klare Architektur der Büsche und Bäume, die in Watte nachgezeichneten Konturen der Beete – bald platscht es vom Dach, der Hund macht seinen Haufen, einer geht mit dreckigen Sohlen Holz holen, die Vögel veranstalten ihre possierliche Sauerei unter dem Vogelhäuschen, und das Leben geht weiter. Für kurze Zeit hat der Schmutzverächter das reine Glück erlebt, ein geschenktes und gleich wieder entzogenes Glück.

Flugsamen

»achtlos wie Jahre gehäuft und der Wind schüttelt sie / unbekümmert herunter und hinab in die Zeit« Hilda Morley

Als ich vor vielen Jahren meinen Garten in Besitz nahm, betrachtete ich im Frühling voll Zuneigung ein etwa suppenschüsselgroßes Plätzchen, auf dem sich glänzend gelbe Blümchen über fetten grünen Blättchen drängten. Wem das zu viele Diminutive hintereinander sind: Man kann die tückische Niedlichkeit dieses Gewächses gar nicht deutlich genug machen. Es gibt Entsprechungen in der Menschenwelt: Kleine, hübsche, nette Zeitgenossinnen, die sich mit den unausgesprochenen Worten: Es macht dir doch nichts aus? in unserem Leben breitmachen, Handtaschen, Geld und Männer ausleihen und nicht zurückgeben, kurz: Terroristinnen. Man sieht es ihnen nicht an. Man sieht es auch dem gelben Scharbockskraut nicht an: Es hat nichts Geringeres im Sinn als die Weltherrschaft. Allerdings wird es ab Mai unsichtbar und beschäftigt sich den Rest des Jahres mit der unterirdischen Produktion kleiner, weißer Knöllchen. Das sind die Rekruten. Im nächsten Februar werden an vorher noch unberührten Plätzen die fetten, grünen Blättchen zuhauf erscheinen, und die gelben Blümchen werden von unseren ahnungslosen Gartengästen mit den Worten begrüßt: Wie hübsch! Richtig frühlingshaft! Im übrigen soll man das Teufelszeug essen können. Loswerden kann man es nicht. Man müßte die Erde abtragen und Millionen Knöllchen heraussieben. Wenn man einen Feind hat oder einen schrecklichen Gartenangeber in der Nachbarschaft – eine Handvoll weißer Knöllchen wird ihn spätestens zwei, drei Jahre später Demut lehren.

Wenn Sie eines Frühlings Ihren Garten plötzlich violett sehen, ohne daß Sie ihn violett geplant hatten: Das sind Silbertaler. Im vorletzten Herbst hatte Ihnen wahrscheinlich jemand diese hübschen, starren Zweige mit den runden Tellerchen dran mitgebracht und Ihnen gezeigt, wie man die, indem man sie ganz zart zwischen zwei Fingern reibt, in ihre Bestandteile zerlegt. Die Bestandteile sind: ein hauchdünnes, silbernes Rädchen, das am Zweig bleibt, zwei unansehnliche Schutzhüllen und einige schwarze Körner, die darin verpackt waren. Im Blumenladen sind die Zweige als Bestandteil haltbarer Designersträuße so begehrt wie teuer: Jemand muß die silbernen Dinger ja Stück für Stück freireiben, das geht nicht maschinell.
Unseren violett erblühten Garten verdanken wir den schwarzen Körnern, die wir damals achtlos weggeworfen haben. Silbertaler keimen dort sehr üppig, wo man sie nicht haben will. Den edlen, filigranen Zweigen sieht man ihren ordinären Ursprung überhaupt nicht an. Stämmig, wie Verwandtschaft vom Lande, stehen Dutzende von Pflanzen auf dicken, graugrünen Beinen und halten ihre krachlila Dolden in die Luft, zu viele Blüten und ganz sicher die falsche Farbe. Sie paßt zu nichts außer zu sich selbst, beißt sich mit dem Frühlingsgelb der Pomponsträucher und dem Rot der Wildtulpen, bringt jedes Weiß im Garten zum Schweigen. Wer allerdings meint, mit Silbertalern irgendeine dunkle, verlassene Ecke des Gartens zum Leuchten bringen zu können, irrt sich. Absichtlich gesät, gehen sie nicht auf. Um keinen Preis.
Es ist ein unerklärliches Phänomen: Invasionen wie diese finden nur in kleineren Gärten statt. In imperiale Gärten wagt sich das Störzeug nicht, oder es benimmt sich manierlich und begnügt sich mit vernachlässigten Ecken, in denen es nett vor sich hin blüht. Noch nie hat sich die Inhaberin eines

Gartenlatifundiums bei mir über florale Überfälle beklagt – im Gegenteil. Wenn ich es tue, weil mein winziger Planet unter einem Überangebot an Affenbrotbäumen unterzugehen droht, sagen die Gartendamen: Ach, man muß einfach mit ihnen leben, mit den Affenbrotbäumen. Sie sehen doch sogar ganz gut aus, dahinten in ihrer Ecke.

Eines Tages sah ich etwas Großes im Garten beginnen. Bei Hundewelpen erkennt man an den Pfoten, ob sie zu Kälbern heranwachsen werden – bei dieser Pflanze ließen schon die Keimblätter Gewaltiges ahnen. Es handelte sich um Heracleum mantegazzianum, den Riesen-Bärenklau, auch Herkulesstaude genannt. Verfolgt man den Werdegang dieses Gewächses in Beschreibungen, fällt einem ein panischer Ton auf, der auch in wissenschaftlichen Veröffentlichungen spürbar ist. Ursprünglich komme das Kraut aus dem Kaukasus, heißt es, das klingt warnend, nach wilden Horden aus dem Osten, nach Dschingis-Khan oder Roter Armee. Es sei ihm gelungen, fast ganz Europa zu überziehen, vor allem Bachläufe besiedele es in hellen Scharen, und seine Blütenstände erreichten den Durchmesser von Regenschirmen. Auch mit der Höhe der Einwanderer übertrumpfen sich die Berichterstatter, im *Guinness-Buch der Rekorde* findet sich ein Exemplar von über dreieinhalb Metern.

Mein Eroberer reichte mir im April schon bis zu den Schultern, und seine Blätter glichen Elefantenohren. Was ich nicht wußte: Er soll imstande sein, ein Gift zu bilden, das in Verbindung mit Sonnenlicht schwere Verbrennungen auf der menschlichen Haut verursacht. Noch dachte ich nichts Böses beim Anblick dieses Neuankömmlings, er faszinierte mich, und nur sein Geruch war mir etwas unheimlich, irgendwie aasig. Ich hatte, ohne es zu ahnen, schon einen großen Fehler gemacht: hatte mich beeindrucken lassen vom Imponiergeha-

be und nicht den Anfängen gewehrt. Ich hätte mich schon auf Herkules im Babystadium stürzen sollen, mit allen zur Verfügung stehenden Vernichtungsmitteln, Feuer und Schwert. Bethlehemitischer Kindermord im Garten. Geschichten von Feldzügen sind immer langweilig, und Erörterungen von Strategien bringen jeden normalen Menschen zum Gähnen. Deswegen nur soviel: Der Kampf dauerte fünf Jahre und kostete Zeit, Kraft, Phantasie und Nerven, Geld auch, man fällt als Gärtner noch öfter auf Wundermittel herein als normale Menschen. Letztlich blieb ich siegreich. Vorläufig.

Wie bezaubernd ist es angesichts solcher Kolonisierungsversuche, wenn etwas von uns und unserem kleinen Stück Erde Besitz ergreift, das wir gewiß nie wieder gehen lassen, auch wenn es nie dort ist, wo wir es haben wollen. Zum Beispiel Akeleien und Vergißmeinnicht. Von beiden gibt es viele Sorten, ich finde die dunkellila Akeleien am schönsten, die etwas Kardinalartiges haben, so würdevoll auf ihren hohen Stengeln. Bei den Vergißmeinnicht kann ich nicht entscheiden, welche ich lieber mag: die großen Schlanken oder die kleinen Dicken. Eigen ist allen, daß sie mit ihrer Platzwahl überraschen, und das wirft immer wieder die Frage nach der Autorität des Gärtners auf. Grenzen setzen! heißt der Schlachtruf der einen Seite. Freiheit! ruft die andere. Und dann ist da die große Mehrheit, die mal so, mal so entscheidet. Und immer zweifelt, ob die Entscheidung richtig war. Ich kenne sehr bedeutende Gärtnerinnen, denen es nichts ausmacht (es scheint ihnen geradezu Lust zu bereiten), auch vielversprechende Pflänzchen unnachsichtig von dem Platz zu entfernen, der ihnen nicht zugedacht war. Denen gelingt es auch, eine tadellos buschige Vergißmeinnichtrabatte wie eine Pelzstola um das noch kahle Rosenbeet zu legen oder ein kreisrundes Beetmittelstück mit gleich hohen, diszipliniert dichtstehenden

Akeleien hinzukriegen. Bei mir sind die Akeleien mitten in der Buchsbaumeinfassung, in diversen Töpfen, wo sie nichts verloren haben, zwischen Trittsteinen, ganz hinten im Beet, wo man sie kaum sieht, oder ganz vorne, wo sie die Semperviven verdecken. Und die Vergißmeinnicht sind buchstäblich überall. Ich kann nämlich so ein Pflänzchen, bei dem ich sehen kann, was es werden will – und bei Vergißmeinnicht und Akeleien kann man das sehr gut sehen –, nicht einfach rausreißen. Ich kann Brennesseln töten und noch einiges andere – aber die nicht. Das wissen sie und machen sich breit, und ich entschließe mich, sie liebzuhaben, ganz gleich, wo sie auftauchen. Man darf nur nicht den Fehler machen, ihnen einen Platz zu bereiten und zu denken, man könne sich auf ihr Kommen im nächsten Jahr verlassen. Sie werden ganz woanders auftauchen. Für dominante Garteninhaber, dazu gehören die Besitzer von Designergärten notgedrungen, sind diese Pflanzen eine stete Bedrohung. Sie erinnern nämlich an die Schönheit, die sich der Zähmung entzieht und einfach macht, was sie will.

Um es gleich zu sagen: Es gibt keine Garten-Supernanny, die einem sagt, was falsch oder richtig ist. Angesichts des eigenen Flecks Erde muß man selber entscheiden, und das ist nicht leicht. Wenn man sich von allem, was hübsch aussieht und so quicklebendig ist, an der Nase herumführen ließe, hätte man keinen Garten, sondern nur ein Grundstück. Wenn andererseits kein fremder Gast in der streng komponierten Ordnung geduldet wird, hat man auch keinen Garten, sondern ein Denkmal oder eine Zwangsjacke. Was ist zu tun? Erst einmal muß man alles genau anschauen. Was ausgerissen werden soll, hat ein Recht auf Wahrnehmung, finde ich. Gelegentlich entstehen echte Freundschaften mit solchen Todeskandidaten. So zum Beispiel wird man die weiß blühende Gänsekres-

se, die über einen ungezügelten Fortpflanzungstrieb und einen großen Ideenreichtum hinsichtlich ihrer Ortswahl verfügt, eines Tages nicht mehr missen wollen. Die halb erfrorene Chrysantheme im Topf? Kein Problem, die Gänsekresse hat sie längst mit einem weißen Schleier bedeckt. Das von Schnecken kahlgefressene Staudenbeet? Während uns noch Wut und Mordlust fest im Griff haben, macht sich erst einmal die Gänsekresse hübsch, die Schnecken scheinen sie nicht zu mögen, und sie gibt willig die Zweitbesetzung, bis uns etwas anderes für das Beet eingefallen ist. Dann verschwindet sie ohne Groll. Im Gegensatz zum Scharbockskraut hat sie nichts Gewalttätiges, sondern siedelt sich immer genau da an, wo sie uns einen Gefallen tut. Sie läßt im Verschwinden auch nicht Massen von häßlich gelben Blättern zurück, sondern ist eines Tages einfach weg. Adieu bis zum nächsten Jahr. Wo immer sie dann gebraucht werden wird.
Es liegt am Boden, an den Nachbarn, an der Geschichte der Gegend, was uns in den Garten geweht wird. Saurer Boden und naturverbundene Nachbarn sorgen verläßlich für die gelbe Pracht des Löwenzahns, der auf Kuhweiden wunderbar aussieht. Sobald die Schirmchen aber über unseren Garten geschwebt kommen, hilft nur ein früh angewendeter scharfgeschliffener Ausstecher, der auch gegen den breitblättrigen Wegerich und die Distel gute Dienste leistet. Natürlich kann man auch irgendwas über seine Rasenwiese – oder den Wiesenrasen, wem das lieber ist – schütten, das zuverlässig jedes Unkraut zum Verschwinden bringt. Im Normalgarten ist damit allerdings fast alles verschwunden, worauf man seinen Fuß gesetzt hatte. Dann fällt nicht selten die Entscheidung für Rollrasen. Man stellt sich den, ahnungslos, wie man ist, als eine Art immerwährend gleichmäßigen, einheitlich grünen Teppich vor, über den der Mäher mühelos gleitet.

Ein teurer Irrtum. Unter dem Rollrasen erholen sich die Samen unterschiedlicher Blumen und Kräuter von der chemischen Keule. Und im nächsten Jahr zeigen Ehrenpreis und Gundelrebe, Gänseblümchen, Margeriten und Kamille, ja, auch Löwenzahn, Kuckucksnelke (großer Glücksfall) und Hahnenfuß, wie wunderbar sie eine Woche lang aussehen können, bis sie die Köpfe abgemäht bekommen.
Was Rollrasen war, verwandelt sich unweigerlich wieder in das, was wir zuvor hatten. Nur werden wir nicht mehr mit dem Unkrautzeug anfangen. Und sind so wieder beim Ausstecher für Distel und Wegerich.
Flugsamen – das bedeutet Gäste im Garten, manche will man gar nicht wieder gehen lassen, andere loswerden, mit wieder anderen arrangiert man sich. Manche kommen regelmäßig und werden ein bißchen beseufzt, andere, wie Stars, lassen sich einmal sehen und dann nie wieder. So ging es mir mit einer Königskerze, die sich mit einer bepelzten Blattrosette angekündigt hatte und im darauffolgenden Jahr wuchs und wuchs und wuchs, in die Höhe, in die Breite, an einer unmöglichen Stelle – wunderschön. Es war, als hätte man Catherine Deneuve im Garten. Ein bißchen arrogant und raumgreifend, aber so blond, daß man alles verzeiht. Königskerzen sind eigentlich Steppenbewohner, wachsen verschwenderisch an Bahndämmen und anderen mageren Orten, im Garten passen sie zu nichts und sorgen für täglich wechselnde Schauspiele. Nicht nur, daß sie ein höchst kompliziertes System haben, ihre Blüten zu öffnen, und immer noch ein Stockwerk anbauen, wenn man denkt, sie seien längst fertig – sie führen auch für alle möglichen Falter und Vögel ein offenes Haus, die einem vorher noch nie die Ehre gegeben haben. Wie Artisten turnten kleine Finken an ihr herum, die Zaunkönige mochten sie, Tagpfauenaugen und Zitronenfalter, die sich

einen Spaß daraus machten, als Blüte neben den Blüten zu verharren. Die Königskerze war ein Blickfang und stach alles mögliche andere aus. Aber das war einmal. Sie säte sich bei mir nicht aus, und nie wieder hat sich eine eingefunden.
Anders die Kaukasusglockenblumen, von denen ich nicht weiß, ob sie mal jemand mitgebracht hat oder ob sie sich einfach so angesiedelt haben. Ein verläßlicher Gast, braucht zwar jedes Jahr mehr Platz, wie eine dicker werdende freundliche Cousine – ist aber sonst standorttreu und dekorativ. Je nach Laune bildet sie Polster oder Ranken, sie blüht ziemlich lang und läßt sich auch manchmal überreden, mit einem anderen Platz vorliebzunehmen.
Diese Art Gäste ist jedem Gartendiktator ein Greuel. Nicht als Spezies – man kann sich den designermäßigen Einsatz fast jedes Gewächses vorstellen: Denken Sie doch mal, die Königskerze in einem Ambiente von unbehauenem Granit und poliertem Mahagoni oder Gänseblümchen in makellosen Quadraten aus portugiesischen Fliesen –, sondern als Anarchie. Es sind unordentliche und schwer erziehbare Gäste, edel oder unedel, was bedeutet das schon? Daß ihre ökologisch korrekte Bezeichnung seit einiger Zeit Spontanvegetation heißt, macht die Sache nicht einfacher.
Ist ein Garten der Spontaneität zugänglich? Kann er es sein? Was wird aus unseren im Winter geborenen Phantasien aus Farben und Formen, aus all den Plänen und erträumten Experimenten, wenn, kaum daß es getaut hat, alle möglichen Vagabunden auf unseren winzigen Erdteil herunterschweben, ihn unter sich aufteilen und anfangen, um die Vorherrschaft zu raufen? Was haben wir, die Gärtner, dann noch da verloren?
So schlimm kommt es dann natürlich nicht, irgendeine Ordnung gibt es schon, auch Abschiede, wenn auch meinerseits

nie ganz ohne schlechtes Gewissen. Wer je gesehen hat, wie wunderbar sich die Wildnis in großen Gärten und Parks ausnimmt – die blauen Teiche aus Szylla, mit rosa Nesseln und weißen Anemonen betupft, in irgendwelchen Schloßgärten –, wünscht sich das gleiche. Aber im bürgerlichen Gärtchen siedeln sich eher die Unverschämten an und machen sich so breit, daß wir eingreifen müssen.

Auf großen Flächen ist selbst die gröbste Vegetation schön. In der Natur hat das einheitliche, das zahlreiche Auftreten einer Spezies immer einen besonderen Reiz. Selbst Brombeeren mit ihren blühenden und mörderischen Dornröschenhecken sehen prächtig aus. Zartlila wehende Weidenröschen, Kamille, ja, auch Hahnenfuß – schreckliche Gartengäste, aber eigentlich sollten sie willkommen sein.

Und übersieh mir nicht / Zwischen den Blumen das Unkraut, das auch / Durst hat. So befiehlt der Dichter Bertolt Brecht. Und der wußte: Wer kein Herz für diese Gäste hat, ist nicht wirklich ein Gärtner, wie Gott ihn liebt.

Marianne

»Um halb sechs kniete ich im Regen und grub und pflanzte.«
Uwe Johnson

Marianne, die berühmte Gärtnerin, war im Januar 2007 gestorben und hatte mir einen Sekretär mit Inhalt vermacht. Über den Inhalt wurde eine Menge gemunkelt, nein, nicht über Goldbarren oder Juwelen, sondern über einen brisanten Briefwechsel mit einem berühmten Mann. Sie selber hatte in der ihr eigenen sanft verrätselten Art dem Gerücht immer wieder Nahrung gegeben – sie liebte es, Legenden zu spinnen. Und nun saß ich vor dem schönen Möbel voller Papier und war sehr neugierig. Daß sie mir das Ding vererben würde, hatte sie vor Jahrzehnten versprochen, als ich ihr einen Empirelüster vom Flohmarkt geschenkt hatte. Er war ein gutes, etwas verstrubbeltes Stück und paßte bei mir nicht rein. Bei ihr sah er richtig herrschaftlich aus. Du bekommst den Sekretär dafür, wenn ich tot bin, sagte sie. Nun war sie gestorben und hatte ihr Versprechen wahrgemacht. Aber der ominöse Briefwechsel mit dem berühmten Mann ist leider bis zum heutigen Tag nicht aufgetaucht. Statt dessen fand ich zwischen Staudenkatalogen aus den siebziger Jahren, knallbunten chinesischen Neujahrskarten und Unmengen von Notizen in ihrer kalligraphischen, altmodischen Schrift einen Brief Uwe Johnsons vom 5. Juli 1982, der mich nicht mehr losließ.

Marianne hatte den bekanntesten und besten Blumenladen unserer Stadt besessen, mit ihrem früh verstorbenen Mann zuerst, dann allein. Die dazugehörende Gärtnerei hatte sie verkauft, in ihrem Laden stand sie noch, obwohl sie mittler-

weile als Autorin bekannt geworden war. Schreiben und Blumen verkaufen ist keine schlechte Mischung, dachte ich jedesmal, wenn ich sie sah, eine sehr große, etwas gebeugte Frau mit kurzen Haaren und kurzsichtigem, forschendem Blick. In ihrem Laden war sie eine Art Blumengeneralin, die ihren Kunden leise, aber nachdrücklich den schlechten Geschmack ausredete. Sie liebte es, zu wissen, zu welchem Anlaß, für welchen Menschen ein Strauß gedacht war. Man konnte wunderbar mit ihr darüber reden, und ihr Buch *Sträuße aus meinem Garten* wurde wahrscheinlich nicht zuletzt deswegen ein großer Erfolg. Im besten Fall ist eine Floristin wie jene Briefschreiber in orientalischen Basaren, die die Kunst der Verführung besser beherrschen als ihre Klienten.
Ich stand oft bei ihr im Laden, gab vor, mich nicht entscheiden zu können und hörte Kundengesprächen zu. Nicht selten kamen Männer und sagten den erstaunlichen Satz: Ich hätte gern einen Blumenstrauß.
Wirklich! antwortete Marianne liebenswürdig.
Danach dauerte es nicht lange, und sie erfuhr alles über Empfängerin, Anlaß für den Strauß oder auch Ausmaß des schlechten Gewissens.
Sie war eine Art Biographin in Blumen. Geburt, Liebe, Krankheit, Genesung, runde Geburtstage, Trennung, Versöhnung, schließlich der Tod: Alles hat seine Blumen. Wenn für eine Beerdigung etwas Schräges gewünscht wurde, war sie begeistert. Der Tod setzt die Diktatur des guten Geschmacks außer Kraft, und so zeigte sie mir eine monströse Gitarre ganz aus weißen Rosen, die für einen in jungen Jahren hingeschiedenen Kneipier gedacht war.
Großartig, nicht?
Natürlich meinte sie damit nicht die tadellose floristische

Arbeit, die war selbstverständlich, sondern das erzählerische Potential.
Schau mal, da auf der Schleife!
Da stand: Cooky, laß uns im Himmel noch ein paar Engel übrig!
Ist das nicht toll?
Ich gab ihr recht.
Sie oszillierte immer zwischen der Freude am Derben, an dreckigen Fingernägeln und dreckigen Geschichten, und andererseits dem Feinen, Vornehmen, Artifiziellen. Mit Blumen hielt sie es ähnlich, dem bäuerlich Üppigen gehörte ihr Herz genauso wie minimalistischer Strenge. Nur das Langweilige, gesellschaftlich Unbedenkliche – ein Dutzend Rosen mit Grün – war nicht ihre Sache.
China war ihr Xanadu, das gelobte Land der allerdurchdachtesten Gärten, Politik hin oder her. Wahrscheinlich hielt sie Politik für weit unterhalb von Gärten angesiedelt. Sie durfte schon in den siebziger Jahren, viel früher als andere, ins verschlossene Reich der Mitte reisen und war dort bis in höchste Kreise wohlgelitten. Ihr Buch *Die Gärten Chinas* wurde ein Standardwerk und ein Erfolg. So ganz anders als unsere waren die, überließen nichts dem Zufall, waren philosophisch aufgeladen bis unter die höchsten Wipfel – das war was für sie. Aber ganz chinesisch wollte sie denn doch nicht werden und kam gern zu ihren heimischen Blumengeschichten zurück.
Eine besonders ausufernde Trauerfeier hatte es ihr angetan, der ganze Großmarkt hatte herhalten müssen für den Kirchenschmuck. Ein Bankier war gestorben, hochbetagt, und grade rechtzeitig, bevor ihm die Banker und ein Teil seiner Familie sein vornehmes Geschäft ruinierten. Übrigens war es die Gärtnerin, die mir den Unterschied zwischen Bankier

und Banker eindringlich klarmachte. Was ein Buchstabe ausmachen kann.
Was sie an dieser Arbeit besonders freute, war, daß unmittelbar nach dem Hochgeehrten ein Obdachloser zu Grabe getragen wurde. Sämtliche Frankfurter Penner und Berber saßen einigermaßen beeindruckt in dieser letzten Blumenpracht, fanden aber, wie Marianne mir erzählte, irgendwie stünde ihnen das zu.
Solche Geschichten liebte sie. Leider hat sie in dem Sekretär, der jetzt bei mir ist, wenige davon aufbewahrt. Er diente mehr der Ernsthaftigkeit, denn die war ihr sehr wichtig. Blumen nicht nur als Boten vergänglicher Schönheit und Leichtigkeit zu mögen, sondern ihre Bedeutungen, Verwendungen und Mythen aufzuzeichnen lag ihr am Herzen. Mir schien immer, als traue sie ihrer Mission nicht ganz, als wolle sie irgend etwas beweisen, über sich hinausgehen oder als jemand anerkannt werden, die zu sein sie nicht sicher war. Das klingt kompliziert, aber warum soll Blumen-Verkaufen und Schreiben zusammen nicht kompliziert sein? Das Symbolische, Numinose, ja, auch das Esoterische nahm sie in Gesprächen oft zu Hilfe, mit kleinen Rückziehern, wenn sie Verständnislosigkeit oder Abwehr beim Gegenüber spürte, aber auch mit dem leicht überlegenen Lächeln der Eingeweihten.
Viele, viele handgeschriebene Seiten im Sekretär sind der Blumensymbolik gewidmet. Das war ein Lieblingsthema, ein Lebensthema für sie, auch durch ihre Erfahrungen in China. Die Bedeutung hinter scheinbar einfachen Dingen, die Aufladung des Natürlichen mit mystischer Energie, das ließ sich auch in einem Blumenladen finden, wenn man danach zu suchen verstand. Ich weiß nicht, wie und wo sie Jahre vor ihrem Buch über die *Symbolik der Pflanzen* Uwe Johnson kennengelernt hat, beide publizierten beim selben Verlag. Sie

hatte ihm offenbar etwas geschenkt, und sein Dankesbrief erzählt viel:
Ihr Geschenk, die beiden Gegenstände, trug ich an jenem 28. Juni strikte seitlich neben mir, an wachsamem Zeigefinger, durch den ganzen weiten Flugplatz Frankfurt, und so durch den Zoll, bis zur bestreikten Underground von London, und wiederum entlang unterhalb des ganzen weiten Flugbetriebes Heathrow, und spendierte ihnen ein Taxi, als ich um viertel nach fünf ankam in Sheerness, dass sie es weitläufig hätten und nie auf Menschen stiessen. Um halb sechs kniete ich im Regen und grub und pflanzte. Seitdem täglich habe ich das Unternehmen mit Wasser bevorzugt; bis auf einen Abend, da lieh ich mir ein Gewitter, das hing schwefelgelb fest über der Themsemündung, rötlich beleuchtet von der tief westlichen Sonne, und regnete. Sie teilen sich, Ihren Vorschriften gemäss, einen Kubikfuss von Hand durchkneteter Erde und erregen meine Hoffnung, indem sie auseinander streben.
Es war dies der einzige Brief von Uwe Johnson in Mariannes Sekretär, nicht besonders sorgfältig verwahrt, sondern im Couvert irgendwo zwischen staubigen Katalogen. Sonderbarerweise ist er mit Maschine auf *Gästepost, Interhotel Astoria Leipzig*-Briefpapier geschrieben. Der Autor hatte zu dem Zeitpunkt keine zwei Jahre mehr zu leben. Genauso alt sind am 19. März 1984, als man den Toten endlich in seinem Haus findet, jene zwei Pflanzen, die er am Zeigefinger in seine englische Ersatzheimat getragen hat.
Denn es müssen Pflanzen gewesen sein und keine Samen oder Zwiebeln, andererseits können sie nicht wirklich groß gewesen sein, die Briten machen bei der Einfuhr von Lebendigem gern Schwierigkeiten. Er muß die *Gegenstände,* wie er sie nennt, also geschmuggelt oder einfach verschwiegen ha-

ben. Was könnte es sein, das so sorgfältig vorbereitete Erde und für den Anfang soviel Wasser braucht?

Die Geschichte des Uwe Johnson war damals bestimmt eine Geschichte ganz nach Mariannes Herzen, mit einem glanzvoll und gänzlich unglücklichen Hauptdarsteller, einem schreibenden, der zwar grade einen viele Jahre währenden Schreibblock überwunden hatte, der aber nach eigenen Aussagen ein *Beschädigter*, ein *Verunglückter* war. Sie war vielleicht zu seinen Frankfurter Poetik-Vorlesungen im Jahr 1979 gegangen, auf jeden Fall hatte sie davon gehört, wie der Dichter seine *Beschädigungen* einkreiste und sich ihnen stellte, und daß sie mit der Liebe zu tun hatten, wußte sie auch. Mit Liebe und Verrat. Johnsons bitteres Ehedrama war damals Gesprächsthema in intellektuellen Kreisen.

In ihren Pflanzenaufzeichnungen fahndete sie immer wieder nach Symbolen für dieses Begriffspaar: Liebe und Verrat. Sie erforschte nicht ohne Gründe die Zusammenhänge zwischen Pflanzen und menschlichen Eigenschaften, so, als wolle sie einer naturgegebenen Zwangsläufigkeit menschlicher Verhängnisse auf die Schliche kommen. In ihrer zimperlichen Schrift ordnete sie Rosen und Chrysanthemen, Ginkgo und Beifuß und hundert anderen Gewächsen Bedeutungen zu, die über pharmakologische weit hinausgehen.

Was für zwei *Gegenstände* mag sie Johnson damals im Juni 1982 mitgegeben haben? Die *seine Hoffnung erregen, indem sie auseinander streben?* Ist das Auseinanderstreben die einzige Lösung, ein Ziel, aufs innigste zu wünschen, damit man sein Leben retten kann? Welchem Pflanzenpaar gelang das unter seiner Aufsicht?

Liebe spielte eine Rolle im Leben der schreibenden Gärtnerin Marianne und hinterließ gelegentlich deutliche Spuren in ihren Texten. In denen hätte sie im Grunde nichts verloren

gehabt, es ging um Fachbeschreibungen, botanische, gärtnerische Themen – aber es kam vor, daß man zwischen ihren Sätzen die Liebe förmlich hervorquellen sah. Dann hatte sie jemanden kennengelernt, und es gab für eine gewisse Zeit Anspielungen und eine noch stärkere Neigung zu Symbolik. Ich nehme an, daß sie am meisten von aussichtslosen Gefühlen beflügelt wurde, also wenn die Objekte ihrer Zuneigung sehr jung, sehr alt, gebunden oder an Frauen nicht interessiert waren. Ob sie damals mit Uwe Johnson, der auf die Wirklichkeit seiner Liebe sein Leben verpfändet hätte, über das Unglück gesprochen hat? Ob ihr sein Scheitern – *sei in die Vorräte der Erinnerungen eine Sperre eingestanzt: Unwahr. Falsch. Vergiftet. Entwertet. Ungültig* – wie eine Bestätigung ihrer schwebenden, uneingelösten Lieben vorgekommen sein mochte?
In seinem Dankeschönbrief aus Sheerness-on-Sea vom 5. Juli 1982 heißt es nach dem Satz vom Auseinanderstreben ziemlich unvermittelt:
Mir ist ein Schnack erzählt: Im Westfälischen hätten zwei alte Bäume, Kastanien glaube ich, ganz allein eine Wiese vor einem Kirchhofe bewohnt, gedeihend in der wechselseitigen Gesellschaft und Unterhaltung über zwölf Meter hinweg. Dann liess die Dorfgemeinde, um die Durchfahrt der fremden Autos zu beschleunigen, die Strasse so verbreitern, dass einer der Bäume gefällt und auch sonst ermordet wurde; worauf der vereinsamte Geselle zu kümmern begann und abstarb binnen zweier Jahre Frist. Was sagt Ihre Wissenschaft zu diesem ehelichen Märchen, dieser symbiotischen Legende?
Johnson versteckt sich im ganzen Brief, besonders aber in dieser Passage, hinter einem altertümelnd-märchenhaften Ton, vielleicht der Versuch, sich vom lebensbedrohlichen The-

ma abzusetzen, es nicht in seiner ganzen Wucht an sich heranzulassen.

Ein Jahr zuvor hatte er in einer Festschrift für Max Frisch seine Geschichte mit verändertem Namen und veränderter Epoche, aber sonst unerträglich genau erzählt. Und da steht, seinem Alter ego Hinterhand zugeordnet, was Johnson fühlte. Gar nicht märchenhaft oder altertümelnd, aber wie ein Vorschein des Dankesbriefes:

Im Gegenteil sei er begierig, sich von den gefälschten Elementen zu reinigen, schon um einer Nekrose vorzubeugen. Nur bedeute dies, das Gedächtnis abzuschaffen. Vielleicht auch habe er sich behindern lassen von dem Vorurteil oder der Gewißheit, nach zwanzig Jahren Durchwachsenseins sei eine Abtrennung des verdorbenen Lebensmusters nur zu bewerkstelligen um den Verlust des anderen, wie bei Wald und Gebüsch, bei Sumpf und Röhricht, bei Rosenbusch und honeysuckle … Jelängerjelieber, bei Fleisch und Sehnen.

Auseinander streben hatte er die beiden geheimnisvollen Pflanzen lassen, damit sie überleben konnten. Denn wenn sich zwei Verbundene trennen müssen, geht mindestens einer zugrunde. So setzt er zur Beschreibung seines verzweifelten Zustands Pflanzenmetaphern ein, was Marianne sicher gefallen hat. Ob sie ihn nach dem Geschenk noch einmal gesehen hat und wie sie über sein erbarmungswürdiges Ende und den darauffolgenden Skandal, den Einbruch in sein Haus, dachte, weiß ich nicht. Auch nicht, wie gut beide sich gekannt haben. Erzählt hat sie nie von ihm, was wiederum kein Wunder ist, denn sie behielt Geschichten gern für sich. So blieben auch ihre chinesischen Beziehungen sehr chinesisch, ein Lächeln, ein Blatt mit Kalligraphie oder eine kleine Porzellanschale, die sie einem zeigte, sollten heißen, ja, da ist etwas, aber es geht dich nichts an, es geht niemanden etwas an. Und

immer wieder gab es Samen aus dem Fernen Osten, die sie einem mit wissendem Blick überreichte, so als stünden die für etwas Besonderes, das zu verstehen nur ihr gegeben war. Ich erinnere mich an Päonien und weiße Tränende Herzen, die buchstäblich herzzerreißend schön waren, aber als Frostkeimer umständlicher und sorgsamer Behandlung bedurften. Die weißen Tränenden Herzen habe ich nicht mehr, irgendwann sind sie wahrscheinlich unter der Erde hindurch nach China zurückgekehrt. Die Päonien machen alle zwei, drei Jahre *eine* Blüte mehr. Etwa zu meinem hundertdreißigsten Geburtstag werden sie in meinem Garten – für zwei Tage, und nur, wenn es nicht regnet – unvergleichlich aussehen.
Ausgerechnet im Jahre 1989 wurde auf ihr Betreiben im Frankfurter Bethmannpark, einem hübschen Patrizierpark, in sehr kurzer Bauzeit ein Chinesischer Garten errichtet. Er hieß auch noch Garten des Himmlischen Friedens, was angesichts der Pekinger Ereignisse dieses Jahres etwas verstörend klang. Das war nicht der einzige Grund, weswegen das Projekt nicht nur Anhänger hatte. Der Bethmannpark war ein Kindheitspark für mich gewesen, mit einem Schildkrötengehege, bunten Blumen, alten Bäumen und einem großen Schachspiel, wo sich an schönen Nachmittagen ältere Herren einfanden, um die Figuren bedächtig hin- und herzuschieben. Jetzt wurden alte Bäume für ein fremdländisches Parkimplantat geopfert. Das Jahr 1989 sollte allerdings noch so viel Umsturz bereithalten, daß die Parkverfremdung irgendwie unterging.
Mittlerweile hat man sich längst an eine chinesische Mauer mitten im Park gewöhnt, an das dunkle Rot der Architektur, den Wasserfall, die Löwen und das Mondtor. Die Menschen wandern zwischen seltsamen Schriftzeichen und Ornamenten herum, ein Liebespaar, ineinandergeringelt, läßt sich nicht stören, Kinder hopsen auf die Felsen, die im algengrü-

nen Wasser liegen. Sachte und selbstverständlich haben sich die Menschen den Garten des Himmlischen Friedens zu eigen gemacht und nutzen ihn, wie es ihnen gefällt. Es sind noch Bäume aus der Zeit davor dort, nicht mehr viele. Zwei uralte Platanen, eng, aber nicht zu eng beieinanderstehend, wecken die Erinnerung an Uwe Johnsons symbiotische Bäume. Durch die Fenstergitter, durch davor gepflanzten Bambus und an einem Felsen vorbei ergeben sich Bilder von den gefleckten Stämmen, wie man sie vorher nie gesehen hätte. So hat Marianne sich das wahrscheinlich gedacht: Man muß einen Rahmen schaffen, damit Bilder entstehen können. Auch wenn niemand danach fragt, was denn die Schriftzeichen bedeuten, warum die Brücken einen Buckel machen oder um Ecken gehen, auch, wenn keiner auf die Spiegelungen achtet oder auf den Gesichtsausdruck der Löwen – etwas zieht die Menschen in diesen kleinen chinesischen Garten, den am Anfang niemand haben wollte.

Der chinesische Intellektuelle, schrieb die Gärtnerin Marianne, *hat immer das geistige Spiel geliebt, das für ihn im Verschlüsseln der Wahrheit in Symbolen liegt, wobei das Symbol meist eindeutiger ist als das Sichtbare.*

Das hat sie sich zu eigen gemacht und hat andere damit inspiriert, auch den Dichter Uwe Johnson, der das Verhängnis der vermeintlich eindeutigen und sicheren Liebe so bitter hat erleben müssen. Zwei *Gegenstände* hatte sie ihm geschenkt, damit die wachsen und gedeihen sollten, in sicherem Abstand voneinander, auseinanderstrebend.

Welche Pflanzen das waren? Das werden wir nicht erfahren, aber vielleicht leben sie noch, erwachsen und groß geworden, in sicherem Abstand voneinander, an der Themsemündung in Sheerness-on-Sea.

Englands schönster Garten

»Niemand könnte mit seiner Familie im Rondell von Versailles sitzen, die Sonntagszeitung lesen und chinesischen Tee schlürfen.«
Harold Nicolson

Einmal muß man sich entscheiden in Englands Gärten: Wo will ich mein Herz verlieren? Meins verlor ich im Garten des Old Clergy House in einem Nest namens Alfriston in der Grafschaft Sussex, das ist ein ganz kleiner Garten. Man kann sein Herz gottlob mehr als einmal verlieren. Aber dort liegt es erst einmal gut.

Wenn ich sage, ein ganz kleiner Garten, so gilt das nur im Vergleich zu den Königreichen, die in den englischen Gartenregionen zu besichtigen sind. Sie tragen schöne Namen wie zum Beispiel Cabbages & Kings und sind Schauplätze ebenso schräger wie wunderbarer Biographien wie zum Beispiel Knole. Das sind Parks, großartige Entwürfe, über Jahrhunderte gewalzte, gemähte, von aristokratischen Füßen durchwanderte Kulturlandschaften.

Der Garten des Old Clergy House ist anders. In einer der zahllosen Besichtigungstouren von Englands Gärten, die im Internet angeboten werden, nennen ihn die Veranstalter goldig. Man sollte ihnen dafür die Einreise verweigern. Er ist ein glücklicher Garten, wie ich nie vorher einen gesehen habe. Nicht angestrengt, nicht eitel, nicht traurig oder vereinsamt wie so viele, auch berühmte Gärten, die ich kenne. Er ist ein Menschengarten, der schon vielen Generationen Augen- und Nasenfreuden beschert zu haben scheint. Er ist ein öffentlicher Garten, Old Clergy House war sogar der Ort, an dem der National Trust erfunden wurde – dennoch wirkt er so

vollkommen privat, daß man unwillkürlich nach lächelnden Gespenstern mit Schürze und Gießkanne Ausschau hält.
Am ersten Tag war ich vier Stunden dort, allein, das Buch, das ich mitgenommen hatte, blieb zu. Wer jetzt glaubt, ich sei mit schnobernder Nase, Notizblock und Pflanzenbestimmungskatalog dort herumgewandert, um diesem britischen Sommerwunder auf die Schliche zu kommen, hat sich geirrt. Ich saß fast die ganze Zeit auf einer Bank am Rand einer kleinen Apfelbaumwiese und hörte das Schwätzen des Flüßchens, das den alten Pfarrgarten – denn das war er einst – begrenzt. Vögel zwitscherten auf englisch, und das Rosenbeet verströmte zwischen seinen tausend Düften ein deutliches Aroma von Gurkensalat – Dill! Dort habe ich die Eleganz von Dill als Begleiter von Rosen entdeckt.
Auch dieser Garten ist in Räume aufgeteilt, aber sie scheinen nicht vom Gestaltungswillen irgendeines der vielen Besitzer, sondern vom Zuschnitt des Geländes und der Nutzung diktiert zu sein. Nein, nicht diktiert, sondern wie natürlich entstanden, und die Buchsbaumhecke, die den vorderen Teil am Haus begrenzt, ist zwar akkurat geschnitten, aber insgesamt sanft gekrümmt, sie sieht aus wie eine grüne Umarmung. Sie haben hier eine Buchsart, die ich nie vorher gesehen habe, Blättchen so klein wie Kinderfingernägel, das ergibt eine samtige Oberfläche, wie man es mit unseren gröberen Buchsen nie hinbekommen würde.
Dahinter finden sich Gemüsebeete, von Holzbrettern eingefaßt, wie es sie überall gibt. Aber sie sehen doch anders aus als die üblichen, das liegt an der Anmut, mit der auch das Unansehnliche arrangiert ist – ob absichtlich oder nicht, behält dieser Garten für sich. Zum Beispiel das leidige Thema Kürbislaub: Jeder, der Kürbisse liebt – und wer tut das nicht, der Anblick fröhlicher Übertreibung und strahlender Aufge-

blasenheit gefällt einem ja auch bei manchen Menschen –, kennt das Problem. Die Blätter, für kurze Zeit prunkvoll, neigen zu Fleckenbildung und eingetrockneten Rändern, die kilometerlangen kratzigen Ranken breiten sich über allem aus, das besser aussieht als sie, und die hübschen Kringel, diese geringelten Tentakelchen, aus denen in Disneys *Cinderella* die Räder der Kürbiskutsche werden, verschwinden. Deswegen und weil der Kürbis ein Vielfraß und Säufer ist, pflanzt man ihn meist auf den Komposthaufen, da geben die Blätter Schatten und können aussehen, wie sie wollen, und die bunten Riesendinger und ihre dekorativen Ziervarianten mästen sich in aller Ruhe fett. Hier in Alfriston gingen sie anders damit um, und weil die Reifezeit noch nicht gekommen war, bewunderte ich, wie sorgfältig man die Kürbisranken über die Brettereinfassungen der Gemüsebeete arrangiert hatte. Die gelben Blüten saßen auf den Bretterkanten, und ich stellte mir vor, wie im Herbst auf allen Beetecken riesige orangefarbene Kugeln thronen und wie chinesische Lampions leuchten würden. Ranken und Laub hätten dann längst die Farbe von rostigem Eisen. An den Stirnseiten der Gemüsebeete sah ich große Büschel von Herbstastern wachsen. Sie würden blühen, wenn die Kürbisse reif wären, und ich stellte mir ihren Auftritt in vielen frivolen Lilatönen zusammen mit den Kürbisfarben vor. Diese geahnte Pracht machte mir fast genausoviel Spaß wie die vorgefundene.

Das ist eine ungewöhnliche Eigenschaft für einen öffentlichen Garten. Normalerweise achten deren Regisseure oft darauf, daß es Jetzt-Gärten sind, holen zu einem einzigen tollen Schlag aus, manchmal wird damit auch geworben. Zur Rhododendronblüte nach X.! Für die Dahlien nach Y.! Im Grunde ist dagegen nichts zu sagen, aber das sind Shows, Volksfeste: nicht wirklich Gärten.

Den zweiten Tag verbrachte ich fast ganz im und am Old Clergy House, schaute mir pflichtgemäß auch das Innere des hübschen Hauses an und bewunderte Fotos von früher an den Wänden. Selbst in Sepia und verblichenem Schwarzweiß war die Schönheit des Gartens noch zu erkennen.
Das Haus selber soll aus dem vierzehnten Jahrhundert sein, ein Fachwerkbau, man sieht noch ein steinernes Wasserbekken und ein paar Gerätschaften. Vom Leben sieht man nichts. Das muß man sich vorstellen, und die Lektüre von Geschichten, die im Dunstkreis englischer Pfarrhäuser vergangener Jahrhunderte entstanden sind, ist dabei hilfreich. Ich bedauerte, keinen Brontë-Roman dabeizuhaben. Es war feucht, kühl und düster in diesen Häusern mit ihren unzulänglichen kleinen *fireplaces*. Wie das Schicksal der Brontë-Geschwister zeigt, wurde man in ihnen oft und frühzeitig krank. Enges, arbeitsreiches Leben unter den Blicken des Dorfes, es blieb jungen Frauen gar nichts anderes übrig, als zu dichten und im Garten zu arbeiten.
Ich konnte nicht herausfinden, wie alt die älteste Rose im Garten des Old Clergy House war. Lakonisch weisen die Reiseführer auf historische Rosen hin, aber das gilt für mindestens jeden zweiten Garten in Kent und Sussex. Das Haus war, als ich es zum erstenmal sah, in Rosen gehüllt wie in einen parfümierten Pelz, Wege und steinerne Treppchen hatten sich mit einem dicken Teppich aus Blütenblättern bedeckt. Cremige Farben herrschten vor, Rosé, Champagner, behauchtes Weiß. Es roch nach Vanille, Pfeffer und Wein, eben nach Rosen. Neben den Wegen sträubten sich dicke Lavendelbüsche, in dem kleinen Laden des Old Clergy House erzählten mir die Damen vom National Trust, es gebe in der Nähe eine Gärtnerei, die ausschließlich Lavendel züchte, sozusagen das Begleitorchester für tausend Rosensolisten. Aber Lavendel

brachte auch Geld ins Haus, als Seife, Wasser, Öl und getrocknet in Beutelchen. Die gibt es in hunderttausend Andenkenläden zu kaufen, und ich war immer der Ansicht gewesen, die würden alle von einer Lavendelplantage in Taiwan oder sonstwo beliefert, wo kleine Kinder im Akkord Stoffsäckchen nähen und füllen müssen.

Aber meine Lavendelsäckchen aus Alfriston, aus dem Laden des National Trust im Old Clergy House, duften heute noch so, wie die Lavendelbüsche dort gerochen haben.

Alfriston ist ein romantisches Dörfchen, krumm und niedlich, mit der sichtbaren Freude am kleinen Eigentum, wie man sie überall in Südengland findet. Deswegen sind sie auch für ihre Gärten so berühmt: Es liegt nicht nur am schönen Klima, sondern auch an diesem Vergnügen an ein paar Quadratmetern eigenem Boden. Die Großdichterin dieser Begeisterung heißt Vita Sackville-West, und natürlich ist ihr Garten in Sissinghurst wunderbar, wie könnte es anders sein? Man kann auch aus Trotz schöne Gärten erfinden, vielleicht sogar besonders gut. Bei ihr war ein mächtiger Antrieb, denke ich, die lebenslange Kränkung, daß ihr Schloß und Park von Knole nicht als Erbe zugefallen waren. Knole: Dreihundertfünfundsechzig Zimmer, zweiundfünfzig Treppenaufgänge – und der Park! Aber sie war nun mal weiblichen Geschlechts, und Mädchen erbten nicht. So erschuf sie sich zäh und phantasievoll ihre eigenen Königreiche, aber die Erinnerung an Knole hing lebenslang über ihr wie eine Wolke.

Als ich Knole sah, lag der Park fast danieder. Über England waren wenige Monate vorher schreckliche Orkane hinweggefegt, und die Leichen der uralten, herrlichen Bäume streckten ihre Wurzeln gegen den grauen Himmel. Ich habe noch nie Windbrüche von solcher Größe gesehen, sie waren hoch wie Häuser. Vita Sackville-West hätte den Anblick wahrscheinlich nie verwunden. Nicht einmal der Krieg hatte ihren Kindheitspark so zugerichtet. Merkwürdigerweise konnten mich die majestätischen Anlagen des Parks von Knole nicht über diesen vielfachen Tod der Bäume hinwegtrösten. Auch das Schloß selber – es gibt unter den dreihundertfünfundsechzig Zimmern eines ganz aus Silber, was unglaublich scheußlich aussieht – schüchterte mich bloß ein, Glück wollte zwischen all den staubigen Wandteppichen und tonnenschweren Möbeln nicht aufkommen. Was hatte Vita Sackville-West, deren Sissinghurster Behausung so anziehend ist, bloß an diesem Kasten so bezaubert? Die schiere Größe? Ihre Vorfahren schauten grämlich von den Wänden herunter, auch ihnen schien es hier nicht sonderlich zu gefallen.

Das Old Clergy House und seinen Garten hatte der Orkan offenbar verschont. Zumindest waren keine Schäden sichtbar. Und so wanderten die wenigen Besucher über die nicht besonders befestigten oder gar touristentauglich betonierten Wege und wurden von keinem Bild allgegenwärtiger Bedrohtheit verstört. Wahrscheinlich hat mir das in diesem Garten besonders gut gefallen: Auf Graswegen, zwischen kleinen Steinmäuerchen, die Wälder von weißen Cosmeen zähmen, denken zu dürfen, daß alles so weitergehen könnte, ohne Katastrophen und Zerstörung. Viele hundert Jahre hat das dieser Garten doch bewiesen. Gewiß waren seine Pfleger mal umsichtiger, mal schlampiger, vielleicht hatte er auch ganz wilde Zeiten erlebt. Es gibt erstaunlich viele Beispiele, daß unter Schichten von Stachelzeug und Holundergestrüpp, unter Brennesseln und Weißdorn und zwischen alten Autoreifen und weggeschmissenen Badewannen mittelalterliche oder barocke Gärten zu finden sind, wenn nur einer nach ihnen sucht. Daß Vita Sackville-West ihr Sissinghurst so vorgefunden hat, ist bekannt. Ob auch dieser Garten in Alfriston, in dem ich mich so zu Hause fühlte, solche Zeiten hatte überstehen müssen, weiß ich nicht. Anzunehmen ist es. Aber meistens wird jemand seine Äpfel geerntet und seine Blumen gepflückt haben, das sieht man ihm an. Und daß man die Bäume nicht, wie in Knole und den anderen imperialen Gärten, in den Himmel wachsen lassen wollte. Hier war gar kein Platz für sturzgefährdete Riesen.

Die wievielte Generation von Apfelbäumen stand auf dieser Wiese? Obstbäume gleichen Menschen, sie sind vergänglich, und wenn sie nichts mehr tragen, hackt man sie eben ab, womit ich mich manchmal nicht abfinden mag. Die unsichtbaren Gärtner von Alfriston offenbar auch nicht, denn an einem fast toten, verknorzelten Apfelbaum schlang sich eine Clematis empor, nicht die alles vereinnahmende Montana Rubens, sondern eine mit riesigen Blütensternen in einem fast schwarzen Lila, ich konnte nicht herausfinden, wie sie hieß. Und daß sie Dr. Ruppel heißt, mag ich angesichts ihres Wohnortes nicht glauben. Der aber sah sie ähnlich.

Ein großes britisches Geheimnis kam mir, auf den pfarrherrlichen Graswegen unter Rosenbögen wandelnd, wieder in den Sinn: das Essen. Im klimaverwöhnten Garten Englands wachsen einem die herrlichsten Rohstoffe in den Mund: Äpfel, Pflaumen, alle Arten Beeren, Kirschen, um die Füße drängen sich Rübchen, Erbsen und Kohl in allen Farben, Kräuter aus Ost und West gedeihen aufs beste, auf sanften Weiden hüpfen Lämmer (und wenn es nach mir ginge, hüpften sie da, bis sie alte Schafe sind), in den Bächen tummeln sich Fische, und man möchte meinen, das alles gerate dem Besucher in schön verwandelter Form auf den Teller. Aber nein. Auch in Alfriston gab es jene Suppe, die in dreierlei Farben angeboten wird: Rot (Tomate), Grün (Erbse) und Braun (alles übrige). Und alle anderen Delikatessen, derentwegen die

Briten sich seit langem von der übrigen Welt stoisch verlachen lassen.
Auch in den Pfarrhäusern versunkener Zeiten ist wahrscheinlich nicht sonderlich gut gekocht worden, und so denke ich, daß die überquellende Pracht von Früchten und Gemüse als gottgegebenes Abstraktum gesehen worden ist, aber nicht als Nahrungsangebot. Das Rätsel ist sehr schwer zu lösen, aber auch dafür die Globalisierung verantwortlich zu machen, ist mir zu billig. Es war ja schon so, bevor die erfunden wurde.
Der Garten des Old Clergy Hause hat nur wenige von den in England sonst sehr beliebten dekorativen Elementen, wenn ich mich richtig erinnere. Amphoren, Putten, Steinfiguren mit und ohne Flossen sind nicht zu sehen. Nur ein paar schöne, große Gefäße in Sichtachsen, eines davon gefüllt mit bunten Semperviven aller Art und Größe, was ich sofort zu Hause nachgemacht habe. Gärtner haben zum Plagiat ein entspannteres Verhältnis als Autoren.
Sichtachse: In einem kleinen Cottage-Garten wie diesem braucht man diesen despotischen Begriff eigentlich gar nicht, und trotzdem gibt es sie, die überraschenden Blicke zwischen Hecken oder Bäumen hindurch auf etwas Besonderes oder einfach nur auf das Haus. Die Sichtachse ist für orthodoxe Gartenkenner eine Art Angriffssignal, läßt zu Schere und Säge greifen, wenn die Natur die Sicht auf das versperrt, was der Gärtner für sehenswert hält. Wie viele wunderbare und kerngesunde Bäume habe ich schon unter dem Kampfruf: Sichtachse! ihrer Henker sterben sehen. Wahrscheinlich gibt es einen britisch-nachlässigen Umgang damit, auch in Vita Sackville-Wests durchkomponiertem Sissinghurst sind die Sichtachsen nicht so preußisch-bedingungslos durchgepeitscht wie andernorts in herrschaftlichen Gärten.

Im freundlich-lässigen Sinn entstehen Sichtachsen, wenn man durch Pflanzen und ihre Anordnung auf etwas hinweist. Das kann ein besonderer Blick in die Landschaft sein oder auf einen ungewöhnlichen Baum, man benutzt Sichtachsen, um die Schokoladenseite des Hauses zur Geltung zu bringen oder eine Statue, einen Pavillon, irgendwas Hübsches oder Verrücktes. Bei einer Dame sah ich ein pompöses Arrangement, eine akkurate Schneise aus Buchsen und mit Prunkwinden umwickelten Säulchen, die einen kompliziert gepflasterten Gartenweg einfaßten, es ging um Ecken, die von Rosenkugeln in verschiedenen Farben markiert waren, die Spannung stieg: Und da, am Ende, in einem buchsgefaßten Rondell stand auf einem Marmorpodest – eine alte, verrostete Gießkanne. Auch das hätte ich sofort sehr gern nachgemacht. Es unterblieb aus Platzmangel.
Solche schönen optischen Kalauer gibt es in Alfriston nicht. Man vermißt sie auch nicht. Wenn hier die Blicke auf etwas fallen, hat das, soweit ich es sehen kann, niemand veranlaßt. Der mächtige Steintopf mit den Semperviven ist vielleicht sogar zufällig entstanden und steht jetzt da wie ein Kunstwerk, kann ja sein, daß die kleinen und großen Hauswurzen nur die Lücken zwischen irgendwelchen prächtigeren Einjährigen gefüllt hatten, den Winter und deren Tod abwarteten und dann ihren Platz einnahmen. Blühen können sie auch und zeigen es mit ihren fleischigen Stengeln, an denen Glocken in vielerlei Rosa hängen. Es ist ein englisches Rosa, Puderrosa, ein bißchen eingetrocknet, wie der Teint von Ladies. Die Familie der Hauswurz ist überhaupt nicht zu unterschätzen, sie geben sich mit bescheidenen Plätzen ebenso zufrieden, wie sie Armeen bilden, wenn man sie nur läßt. In den englischen Gärten erweist man ihnen die gebührende Ehre. Sie machen sich wunderbar zu allem, was aus altem

Stein ist, und als Dachbedeckung waren sie schon vor Hunderten von Jahren willkommen. In meinem Lieblingsgarten begegnen sie einem allenthalben, auch erstaunliche Exemplare von der Größe stattlicher Wirsingköpfe. Sie sind so unglaublich ordentliche Pflanzen mit ihren fetten Blättchen, kein Wetter kann ihnen etwas anhaben, sie haben immer genug zu trinken in sich selber. Sempervivum, das ewige Leben.

Ich bin lang nicht mehr in Alfriston gewesen, aber ich weiß genau: Gewiß werde ich noch einmal im Herbst hinfahren, weil ich unbedingt sehen will, wie die Kürbisse zusammen mit den Herbstastern ihre Show abziehen und niemanden neben sich dulden. Und einmal möchte ich diesen Garten mit ausgeräumten Beeten sehen, den schwarzen Zweigen der Bäume, die ganze Geometrie des Gartens ohne Schmuck und Schutz. Statt der Singvögel Krähen und keine Menschen, ganz bei sich.

Paare

»Endlich werden wir doch durch den großen Haufen glücklich hindurchkommen, durch den wir uns jetzt so mühsam arbeiten müssen, und dann vielleicht frisches Gras mit schönen Blümchen erreichen.«
Hermann von Pückler-Muskau an seine Frau

Die Geschichte der geschiedenen Eheleute Hermann und Lucie von Pückler-Muskau, des sogenannten grünen Fürsten und seiner neun Jahre älteren Lebensliebe, können wir hier nicht erzählen, sie ist zu verzweigt. Geschieden waren sie, weil der Fürst wegen seines Landschaftsgartens pleite gegangen war und sich nach einer reichen Frau umschauen wollte. Das tat der Liebe zwischen den beiden keinen Abbruch, Geld wurde aufgetrieben, nicht durch eine neue Gattin, sondern durch die Veröffentlichung der wunderbaren Briefe an die alte. Die hatte sie ihren Freunden Varnhagen vorgelesen, woraufhin eine Edition entstand. Goethe schrieb eine Eloge darüber, und das Buch wurde ein Bestseller.
Hermann und Lucie von Pückler-Muskau könnten, wäre dies hier ein Gemälde, über allen anderen Gartenehepaaren schweben wie Stifterfiguren, sie sollen ihnen Segen spenden für die paarweise Gartenarbeit, denn die hat Segen dringend nötig. Vor allem den Segen so nachhaltig und glücklich Gartenverrückter.
Die problemlosesten Gärten sind die geschriebenen, auch die gemalten. Was geschriebene Gärten angeht, war der Fürst unstreitig ein Meister. Und anders als Kafkas *geschriebene Küsse,* die nicht ankommen, weil sie *von den Gespenstern auf dem Wege ausgetrunken* werden, sind geschriebene Gär-

ten von großer Haltbarkeit, sie machen keine Sorgen, nur Freude, man kann sie jederzeit besuchen, sommers wie winters. Besitzverhältnisse gelten nicht mehr, Dürre und Überschwemmung bleiben ihnen erspart, weder Kriege noch Grenzen können ihnen gefährlich werden. Geschriebene Gärten, das wußte der Gartenfürst, kann man leicht in seinen Besitz bringen, und genau das tat er mit seinen Briefen an Lucie. Er legte ihr Gärten zu Füßen. Nicht bekannt ist, ob Hermann und Lucie von Pückler-Muskau je über das Beschneiden eines Baumes oder die Anlage eines Beetes gestritten haben. Dieses verwegene Gartenpaar, das in die Biedermeierzeit nicht recht passen wollte, machte es richtig: Die Idee des Gartens kann vereinen, nicht unbedingt die Praxis. Vielleicht wußten sie das.

Die Geschichte berühmter Gartenpaare zeigt, daß es wichtig ist, die Idee dem männlichen Part unter keinen Umständen streitig zu machen. Die Architektur eines Gartens – und auch der kleinste, oder grade der, braucht eine – obliegt dem Mann. Es ist sehr wichtig, ihn das glauben zu lassen. Architektur heißt, um den männlichen Teil eines ebenfalls berühmten Gartenpaares zu zitieren: *zuerst der strukturelle Entwurf, dann Bäume und Hecken, anschließend der Rasen und die kleinere Bepflanzung.*

Was Harold Nicolson da für die fast dreißigtausend Quadratmeter festlegt, die jener *Garten, der nach Befreiung schrie,* umfaßte, gilt im Prinzip auch für die hundert Quadratmeter, die manche von uns unentdeckt hinter dem Haus haben. Nach Befreiung schreien die auch oft. Bei ihm, dem Ehemann von Vita Sackville-West, einer wahren und wunderbaren Gartendomina, ging es um Sissinghurst in der Grafschaft Kent. Über diesen Garten zu schreiben hieße, Nußbäume dorthin zu pflanzen, denn davon gibt es dort so viele, wie es mittlerweile Beschreibungen von Sissinghurst gibt. Wenn man sich dem männlichen und dem weiblichen Teil der Gartenliebe zuwendet und den Wandlungen und Vertauschungen, denen sie unterworfen ist, kommt man ohne das Paar Harold Nicolson und Vita Sackville-West nicht aus. Ihnen war eigen, daß beide Weibliches und Männliches zu ziemlich gleichen Teilen in sich trugen. Sie waren nicht nur das platonische Ideal der zwei Hälften des auseinandergerissenen Menschenwesens, die sich gefunden hatten, sondern vereinten alle vier Teile, Geschlecht und Gegengeschlecht, und das, mit allen notwendigen Fluchten und Eskapaden, einander unerschütterlich liebend verbunden. Er liebte Vita, Sissinghurst und Männer, sie liebte Harold, Sissinghurst und Frauen. Nigel Nicolson, beider Sohn, hat, als er schon erwachsen war, gesagt, daß ein Buch über den Garten von Sissinghurst, sollte es einst geschrieben werden, *Portrait einer Ehe heißen* könnte, genauso wie die Biographie über seine Eltern. Denn das sei dieser Garten, das Portrait der Ehe von Harold und Vita.

Wenn Paare sich gemeinsam einem Garten zuwenden, wird auf irgendeine Weise ihr Portrait entstehen, gleichgültig, um welche Art Garten es sich handelt. Das gilt aber nur, wenn sich wirklich beide auf ihr Stück Erde einlassen und die Sache mehr ist als der gefürchtete samstägliche Ruf: Sag Papa, es ist drei, er soll den Rasen mähen. Wenn beide dem Garten verfallen, empfiehlt es sich, die Kompetenzen klar festzulegen. Ich weiß, das ist ein ebenso überflüssiger Rat wie der, zweimal in der Woche Sport zu treiben. Auch Harold Nicolson und Vita Sackville-West gerieten einander oft in die Quere, und Harold Nicolson schreibt am 27. September 1933 in sein Tagebuch, wo es hakt:

Messe den Mittelweg im Gemüsegarten aus ... Dann weigert Vita sich, bei unserer Entscheidung zu bleiben, die elen-

den kleinen Bäume zu entfernen, die meinem Entwurf im Wege stehen. Ihre romantische Veranlagung behindert wie üblich die klassische.

Wie üblich. Aber es ist was dran. Beim Ehepaar B., einem kultivierten Paar, das seinen Garten zum ultimativen schöpferischen Altersprojekt gemacht hat, schickt Herr B. seine Gattin zu teuren Wellnesswochenenden, damit er abhacken und ausgraben kann, was seine Vorstellungen stört, weil es an einer falschen Stelle wächst. Es folgen regelmäßig Wut- und Weinanfälle seiner Frau, die er durchsteht. Wie bei Harold Nicolson werden einst gepflanzte und auch geliebte Lebewesen, eine chinesische Zierpflaume zum Beispiel, zum *elenden kleinen Baum,* wenn sie im Weg sind. In jenem imaginären Weg, den Frau B. für keinen hinreichenden Exekutionsgrund hält. Ob man den weiblichen Unwillen, etwas rauszureißen, und die männliche Entschlossenheit, ebendas zu tun, zum Konflikt zwischen klassischem und romantischem Denken erklären kann? Es tut not, sich das Weibliche und das Männliche, das Yin und Yang, dessen Gleichgewicht so labil ist, näher anzuschauen. Harold Nicolson notiert ebenfalls im September 1933 in seinem Tagebuch:

Ich versuche, die Perspektive des Gemüsegartens durch Verlängerung der gepflasterten Wege zu erreichen, stoße aber auf Artischocken und Vitas Entrüstung. Danach betrübt Unkraut aus dem Rasen gejätet. Wir haben eine Diskussion über die Rechte der Frauen.

Dennoch sind die beiden, und auch das Ehepaar B. mit seinem hübschen Vorstadtgarten, ideale Gartenpaare, weil sich die notwendigen Kämpfe immer wieder aufs schönste beruhigen und Yang von Yin lernt, auch wenn das nicht zugegeben, sondern durch das Mitbringen, sagen wir, eines besonders schönen Abutilons schweigend eingestanden wird.

Paare wie diese neigen allerdings dazu, sich von der Welt abzusondern und höchstens den einen oder anderen Bewunderer einzuladen. Ganz anders ist es bei jenen Paaren, wo ein Teil den Garten für sich als Lebensort entdeckt hat, während der andere den Herzeiger und Angeber gibt. Meistens ist die Frau die Gärtnerin, und der Mann prahlt vor Gästen mit Dahlien oder Tomaten, die er nicht gepflanzt und auch nur auf ausdrückliche Ermahnung gegossen hat. Bevor wir aber ungerecht werden: Dahinter steckt oft eine große Traurigkeit. Der Garten liegt wie ein Niemandsland zwischen beiden. Sie hat hundertmal zu ihm gesagt: Nie machst du was richtig, tritt da nicht drauf, brich das nicht ab, laß, ich mach das selber, du ersäufst ihn ja, du hast ihn fast verdursten lassen, das darf doch kein Blaukorn haben, das muß Blaukorn haben, wie oft habe ich dir gesagt …

Oft werden Rosen und Himbeeren zur Dornröschenhecke, dahinter schläft tief und traumlos die Liebe, und der Prinz hat keine Lust, sich beim Durchkriechen Kratzer zu holen nur für einen ungewissen Kuß. Vielleicht aber erfindet mal jemand eine Gartenehetherapie, mit dem Garten als Helfer. Denn so sehr Gärten trennen können, so sehr können sie auch über alle Unterschiede hinweg vereinen.

Fast genau hundert Jahre bevor Sissinghurst entstand, beschrieb der Fürst von Pückler-Muskau für seine geschiedene Frau den Zauber englischer und irischer Gärten ebenso wie die Skurrilität ihrer Eigentümer – aber vor allem schrieb er ihr, warum er es tat:

Sorgenlos und unbefangen von Geschäften mit Dir hier zu reisen, wäre das süßeste Vergnügen für mich – wie sehr entbehre ich Dich überall, und muß Dich wohl innig lieb haben, Du Gute, weil ich, wenn es mir übel geht, stets einen Trost darin finde, daß Du dem *Moment wenigstens entgehst; und dagegen, wenn ich etwas sehe oder fühle, das mich freut, auch immer gleich einen* Vorwurf, *das peinliche Gefühl mit empfinden muß, dies alles ohne Dich zu genießen!*

Glückliche Gartenpaare teilen, und sie teilen einander viel mit. Die Wortlosigkeit vertrockneter Ehen kennen sie nicht. Einem Außenstehenden käme es gewiß läppisch vor, wenn zwei Erwachsene einen leidenschaftlichen Dialog über eine rotgewordene Johannisbeere oder die erste Daturaknospe des Jahres führen. Daturen sorgen übrigens immer für Gesprächsstoff, weil sie gefräßig und launisch sind, die Androhung, sie im nächsten Jahr zu schreddern, wenn sie wieder nicht blühen, kann Wunder wirken. Solche Dinge bilden die schönste Verständigung zwischen zwei Menschen, so intim wie die Liebe selbst. Und wie diese sollte man auch botanische Zärtlichkeiten und das Glück gemeinsamen Wahrnehmens für sich behalten. Solche Mitteilungen gehören nicht in die Öffentlichkeit. Ein glückliches Gartenpaar sollte das Wesen seines Glücks nicht vorführen. Man entdeckt gemeinsam seinen Garten jeden Tag neu und anders, so wie man früher einander jeden Tag neu und anders entdeckt hat. Und das geht keinen was an, finde ich.

Am Ende des Schloßgrabens, wo die Kirschbäume wachsen sollen, habe ich 500 Narzissen und Osterglocken gepflanzt. Sechs Wildgänse flogen vorüber. Ein wunderschöner Nachmittag. Pflanzte Rosen und den persischen Pfirsich. Sah eine dicke, weiße Eule.

Diesen Moment reinen Glücks notierte Vita Sackville-West im Februar 1931 in ihr Tagebuch, und mit Harold Nicolson wird sie ihn geteilt haben. In einem Brief an die Freundin Virginia Woolf schreibt sie, ihr werde sie nichts von ihren Glockenblumenwäldern erzählen.

Mir ist oft aufgefallen, daß halbwüchsige Kinder auf die Gar-

tenverrücktheit ihrer Eltern mit jener ruppigen Verlegenheit reagieren, die man aus der eigenen Teenagerzeit kennt, wenn die Eltern sich küßten oder miteinander tanzten.
Allerdings gibt es viele Gartenpaare, die kinderlos sind. Die F.s haben ihr Grundstück gekauft, als sie beide noch in zeitraubenden und in vieler Hinsicht lohnenden Berufen steckten. Kinder wollten sie nicht. Der Garten war widerspenstig, träge, erwies sich als schwierig und tat nicht, was sie wollten. Sie gaben viel Geld für ihn aus und ließen Scharen von Profis auf ihn los.
Ich mache jetzt gar nichts mehr, hatte Herr F. manchmal verzweifelt gesagt, es wird ja doch nichts aus ihm. Aber seine Frau konnte ihn immer wieder überreden. Manchmal saßen sie abends müde unter einem schütteren Baum und schauten still in ihren Garten hinein, ob da nicht irgendwo ein Fünkchen Hoffnung aufscheinen möge. Die teuren Bambushekken hatte er verrecken lassen, der Teich war verlandet, die Rosen hatten Krankheiten, die nicht einmal der Experte des nahe gelegenen Gartenforschungsinstituts je gesehen hatte. Sie hatten den teuersten Rasensamen aus England importieren lassen, natürlich erst nach einer Bodenanalyse. Mit dem Boden war eigentlich alles in Ordnung, nicht zu sauer, nicht zu sandig, aber es war, als hätte sich der Garten vorgenommen, nicht eine einzige Hoffnung zu erfüllen. Auch der Rasen wurde nichts.
Niemals gerieten Herr und Frau F. darüber in Streit. Sie vertrösteten einander auf später, wenn sie beide mehr Zeit für ihren Garten haben würden.
Im Urlaub überließen sie ihn einem teuren Gärtner und machten Gartenreisen, nach England, Frankreich und Portugal.
Gartenpaare machen sehr oft Gartenreisen, das ist eine Art

Masochismus, dem beide Partner gemeinsam nachgehen. Vor allem in England leiden ehrgeizige Gärtner oft große Pein. Eine Gartenfrau beschrieb mir ihr ersehntes, gleichwohl in weiter Ferne liegendes Ziel: Ihr Garten solle aussehen wie eine sehr schöne Frau in einem etwas zu engen Kleid. Das ist eine großartige Beschreibung, und genauso sehen diese unerträglich lässigen, überquellenden und üppigen englischen Gärten aus. Die gut erkennbar formale Grundstruktur, das *Klassische,* wie Nicolson es nennt, wird an allen Ecken gesprengt und überwuchert und platzt aufs schönste aus den Nähten vor lauter Romantik. Man kann sich das als Singlegärtner gar nicht antun, denn wohin mit dem Frust, und woher käme Trost?

Paare habe ich bei diesen Besichtigungen bei schönen Beschwichtigungsritualen erlebt, nichts eint zwei Menschen verläßlicher als die gegenseitige Versicherung, da könne man doch mithalten, und auch dieser Garten, den man da grade bestaune, habe durchaus seine Macken. Das Neiderregende an den englischen Gärten ist, daß sie ihre Macken so souverän herzeigen, eine Kunst, die hierzulande sehr selten ist.

Ein Paar kenne ich, das eine Woche vor seinem alljährlichen Gartenfest, Anfang Juni, weil da die Kletterrosen am schönsten sind, Panikkäufe beim Gärtner macht. Natürlich ist das Wetter Anfang Juni meistens mies, aber sie ziehen hektisch verblühte Tulpenstengel raus, bloß nichts Vernachlässigtes, Verblühtes, Vergängliches zeigen. Statt dessen Kübel und Polster als Lückenbüßer. Es ist ein nettes, etwas schüchternes Paar, und beide beginnen nur zu glühen, wenn es um den Garten geht. Man darf bei ihnen nichts loben, weil sie dann unisono sagen, die Päonie (wahlweise der Flieder, die Rose oder was auch immer) sei im letzten Jahr viel schöner gewe-

sen. Im übrigen habe es leider gestern auf die Pracht geregnet, so daß man nur ein sehr reduziertes Stadium zeigen könne.
Bei diesen beiden habe ich nie herausfinden können, wie sie die Gartenkompetenzen verteilt haben. Wahrscheinlich sind sie eines der seltenen Gartenpaare, die planend, grabend und pflanzend zu eineiigen Zwillingen mutiert sind. Er beginnt einen Satz, sie beendet ihn. Wenn man Rat sucht, ist man bei ihnen richtig. Sie widersprechen einander nie, höchstens ergänzen sie eine Empfehlung. Wir haben in all den Jahren, in denen wir uns kennen, noch nie über etwas anderes als über Gärten geredet. Gartenreisen machen sie jedes Jahr, sie bleiben aber in Deutschland. Am liebsten schauen sie sich adlige Parks an, da erübrigen sich schmerzhafte Vergleiche. Ich glaube, sie sind sehr glücklich.
Anders als heutige Gartenpaare das wahrscheinlich können, pflegten Hermann von Pückler-Muskau und Lucie, seine Geschiedene, genau wie Harold Nicolson und Vita Sackville-West, einen eskapadenreichen Lebensstil. Der Fürst war notorisch untreu, angeblich fleißiger in Liebesdingen als selbst Casanova. Und die Affären von Vita Sackville-West waren ein gesamteuropäisches Klatschthema. So was geht nur, wenn man seine Gärten aus der Ferne bestellen kann, wenigstens zeitweise. So wie der grüne Fürst.
Die Art, Alleen zu pflanzen, gefällt mir. Es wird nämlich ein fünf Fuß breiter Streifen Landes längs des Weges rigolt, und dicht aneinander ein Gemisch verschiedener Bäume und Sträucher hineingepflanzt. Die am besten wachsenden Bäume läßt man später in die Höhe gehen, und die anderen hält man als unregelmäßigen niedrigen Unterbusch unter der Schere – Rigolen heißt übrigens, den Boden fast einen Meter tief umzugraben und seine untere Schicht nach oben zu brin-

gen. So was machte man nicht selber, dafür gab es selbstverständlich Personal.
Heutige Gartenpaare haben für Untreue meistens weder Zeit noch Nerven, außerdem ist Hilfspersonal nicht mehr so leicht zu bekommen. Man ist nicht entspannt, wenn man daran denken muß, daß Paletten von jungen Pflanzen schmachtend aufs Eingesetztwerden warten. Oder daß der geliehene Vertikutierer in drei Stunden wieder abgeholt wird. Zum Sündigen gehört, jedenfalls am Anfang, eine gewisse Ausschließlichkeit. Der heutige Gartenfreak schafft es nicht, seinen Garten auszublenden. Das muß man aber, wenn sich etwas anderes ins Leben drängt. Und wenn wirklich ein Teil des Paares mal schwach geworden ist, werden Konsequenzen von beiden Seiten nicht vorschnell gezogen – es will sehr genau bedacht sein, ob man seinen Garten verläßt.
Ihm untreu zu werden ist schwer und schmerzt, jeder, der schon einmal einen Garten aus welchem Grund auch immer zurücklassen mußte, weiß das. Ich kenne ein Paar, das fast seinen ganzen Garten mit in eine neue Stadt genommen hat. Nur alte Bäume und den Rasen haben sie ihm gelassen, alles andere wurde mit größtem Aufwand ausgegraben und vorsichtig verpackt, das Ganze dauerte viele Wochen und bedurfte einer ausgefeilten Logistik. Man kann nicht alles zu jeder Zeit umsetzen, eine lange Lagerung verbietet sich, und so teilte sich das Paar auf, der eine leerte den alten Garten aus, während die andere in der neuen Stadt, im neuen Boden den vertrauten Garten wieder anpflanzte. Es hatte einen ziemlichen Konflikt gegeben, wer für welche Tätigkeit am besten geeignet sei. Sie konnten sich nicht einigen und haben letztlich geknobelt. Noch viele Monate nach dem endgültigen Umzug gab es Unfrieden und Vorwürfe aus beiden Richtungen. Wenn eine Pflanze nicht anwachsen wollte, schob

das Paar die Schuld zwischen sich hin und her. Auch gab es eine Menge Ärger mit den Käufern des alten Hauses, die statt eines Gartens einen umgepflügten Acker vorfanden.

Es war ein magisches Haus. Alle Räume waren trapezförmig. Die Fenster des Schlafzimmers gingen auf die Wipfel der Bäume. In der ersten Nacht schliefen wir nicht. Jeder lauschte dem Atem des anderen. Dann hat eine Nachtigall zu singen begonnen und dann eine zweite, weiter entfernt, um ihr zu antworten. Wir haben sehr wenig miteinander gesprochen. Ich verbrachte den Tag im Garten mit Umgraben und hob von Zeit zu Zeit die Augen zum Schlafzimmerfenster. Dort standest Du reglos, den Blick in die Ferne gerichtet. Ich bin sicher, daß Du daran arbeitetest, den Tod zu zähmen, um ihn furchtlos bekämpfen zu können. Du warst so schön und so entschlossen in Deinem Schweigen, daß ich mir nicht vorzustellen vermochte, Du könntest nicht mehr leben wollen.

Das schreibt André Gorz in seinem *Brief an D.* an seine schwerkranke Frau Dorine. Die über ein halbes Jahrhundert währende Liebe sollte noch einmal festgehalten werden, und der Schutzraum dieser Liebe war in ihren letzten Jahren der Garten, den sie selbst geplant und ausgeführt hatten.

Dort, wo nur eine Wiese war, hast Du einen Garten aus Hekken und Sträuchern angelegt. Ich habe zweihundert Bäume gepflanzt.

Menschen, die das Paar besucht haben, erzählen davon, wie wichtig den beiden das Draußensein war, Vogelstimmen und Bäume.

Jeder von uns möchte den anderen nicht überleben müssen, schrieb André Gorz in dem kleinen Buch für Dorine, das ein Riesenerfolg wurde. Sie sorgten dafür, daß dieser Wunsch in Erfüllung ging. Im September 2007 haben sie gemeinsam das Leben verlassen. Ihr Garten wird an sie erinnern.

Der Gärtner von der traurigen Gestalt

»der Scherben aufliest und Nägel / der jeden Findling signiert jede Eiche / der den Konvoi vorbeifahren läßt / der kommt zu spät«

Helga M. Novak

Einer der leidenschaftlichsten und grünhändigsten Gärtner, die ich kannte, hat nie in seinem Leben auch nur einen Quadratzentimeter Boden besessen. Er war arm wie eine Blattlaus, aber alles wurde unter seinen Händen zum Garten. Fensterbänke, Müllecken, verlassene Bauruinen, verwaister Boden jeder Art: Er konnte gar nicht anders, als Gärten anzulegen, das war seine Passion. Er war der Erfinder des Pechs, ein Chaot und Schnorrer, ein Verlierer, ein bedauernswerter, nicht immer angenehmer Typ. Und ein begnadeter Gärtner. Wenn er einen Besenstiel in den Sand steckte, trieb der Zweige. Als wollten ihn Gewächse jeder Art über seine Unzulänglichkeit und Erfolglosigkeit hinwegtrösten, gediehen sie für ihn auch an den ungeeignetsten Stellen. Als ich ihn kennenlernte, arbeitete er als Bühnenbildner für ein kleines Theater. Das hatte er nicht gelernt, konnte es aber ganz gut. Das Theaterchen hatte sich auf einem ehemaligen Fabrikgelände angesiedelt, einem weitläufigen, romantischen und ziemlich vergammelten Backsteinlabyrinth. Dort wurde gewohnt, gefeiert, gespielt, und dort entstand, vom Ensemble und dessen unübersichtlichem Freundeskreis zunächst unbemerkt, ein Garten.

Ungenutzter Raum unter freiem Himmel entging ihm nirgendwo, auch hier nicht. Er sah sich erst einmal das Gelände an, ein Trümmerfeld von der Größe etwa einer Fünfzimmerwohnung. Er betrachtete Senken und Erhebungen, Steine und

Gestrüpp, Schatten und Licht. Er begann wie jeder Schöpfer mit dem Trennen: Erde zu Erde, Stein zu Stein, und woher konnte man in dieser Wüste Wasser bekommen? Ein Wünschelrutengänger war behilflich, das kam aber erst später. Zunächst einmal wurde Eimer auf Eimer geduldig vom Haupthaus herangeschleppt, dann eine Regentonne organisiert. Nichts in seinen Gärten hatte jemals etwas kosten dürfen, und die Verlockungen der Gartencenter und -märkte existierten für ihn nur insoweit, als er oft zum Blühen brachte, was sie weggeworfen hatten.
Die Geschichte war noch im Stadium gegenseitigen Kennenlernens, und der Schuttplatz zeigte seinem Entdecker einen kleinen Hügel, auf dem sich am frühen Nachmittag die Sonne niederließ. Aus den vielen alten Ziegelsteinen schichtete er verschieden hohe Mäuerchen für Gartenräume auf. Er baute nicht das übliche Schachbrettmuster, sondern die Ziegelmauern schienen eine Landschaft mit Wegen und Burgen zu markieren. In kürzester Zeit entstand in der Wüstenei eine Ordnung, die nun mit Blätter- und Blütenchaos gefüllt werden wollte. Es waren gleichsam die Knochen, das Skelett für einen Garten erschaffen, nun kam das Vergänglichere dran. Er, der Gärtner, plante nie auf lange Zeit, er war kein Fürst Pückler-Muskau. Daß er nirgendwo lange bleiben würde, wußte er. Seine Gärten versprachen keine Zukunft, aber es gelang ihm, üppig blühende Gegenwart zu schaffen. Niemals hätte er einen Baum gepflanzt. Selbst zweijährige Pflanzen säte er nicht gern aus, obwohl er sie liebte. Malve und Goldlack – das Wartejahr, in dem sie nur eine Art Salatkopf herzeigen, war ihm zuviel. Deshalb nahm er auch liebevoll in Kauf, was der Boden von sich aus bot. Er rodete nichts, oder nur sehr wenig. Selbst Brombeeren wurden von ihm mit aufmerksamer Zuneigung behandelt, und die sind

wirklich eine Pest. Holunder, wunderbar! Man muß ihm nur seine Grenzen zeigen. Und nie verstand er, was die Leute gegen Kanadische Goldruten und Buntnesseln hatten.
So machte er aus Wildlingen kultivierte Gartenbewohner, oft fand er echte Aristokraten unter ihnen versteckt: einen fast verreckten Rosenbusch edelster Art oder eine besonders wohlschmeckende Stachelbeersorte zum Beispiel. Unter seinen Händen mäßigten sich die Ungestümen, und die Unterdrückten erholten sich schnell.
Garten heißt warten, sagt das Sprichwort. Das konnte er aber nicht, dieser Gärtner, denn er wußte nie, wieviel Zeit ihm mit seinem jeweiligen Flecken Erde gegönnt war. Der aus Trümmern entstandene Theatergarten blieb ihm immerhin drei oder vier Jahre, für seine Verhältnisse war das eine Ewigkeit. Sonst hatte er sich oft nur ein, zwei Jahreszeiten um ein Stück Erde kümmern dürfen, bevor ihn Schulden oder Streitigkeiten weitertrieben. Einmal vertraute er mir an, er kenne von jedem Terrain, das er einmal bearbeitet habe, die Möglichkeiten. Wie klein oder groß sie auch gewesen seien, er könne bis in alle Einzelheiten zeichnen, wie sie geworden wären, seine Gärten. Er trug sie in sich, die Paradieseseigenschaften seiner vernachlässigten Müll- und Trümmerländereien.
Man konnte tatsächlich zuschauen, wie er mit leichter Hand, ein paar dünnen Ranken, wenigen Samenkörnern und irgendwelchen alten Töpfen und Kübeln elegante und überraschende Lösungen auch für schwierige Orte fand. Ihm verdanke ich den großen Respekt vor allen Einjährigen, sie machen zwar Arbeit, verschwenden sich aber, wenn man sie richtig behandelt, aufs schönste und gaukeln einem heimatlosen Gärtner Ewigkeit vor. Auch auf den Einsatz von allerlei Rankendem verstand er sich, sei es als Versteck oder als Un-

terstreichung. Bei ihm sah Efeu in seinen hundert Spielarten nicht nach Friedhof aus, sondern festlich und fürstlich. Efeu, die Pflanze der Schlösser und Klöster. Es kommt nur darauf an, wie man mit ihm umgeht. Man darf ihm nichts ganz überlassen, keinen Baumstamm und keine Mauer. Man muß genau erkennen können, woran er sich klammert, das bedeutet ein ewiges Kräftemessen. Aber man muß ihn auch an manchen Stellen in Frieden altern lassen, denn erst der alte Efeu zeigt sich in voller Schönheit, mit seiner veränderten Blattform und den Beerenbüscheln. Natürlich braucht der Efeu heitere Gegenspieler, sonst führt er zur Gärtnermelancholie oder zur Kapitulation. Die Schwarzäugige Susanne zum Beispiel oder Prunkwinden, in jenem einzigartigen Blau, das nur noch alte Leute von Zuckertüten oder Sommerhimmeln kennen. Prunkwinden, die Morning Glory heißen und Tag für Tag Hunderte von makellosen Blütenrädern schlagen, die sie dann abends zu ordentlichen Röllchen zusammenfalten, um den nächsten Platz zu machen. Auch Duftwicke und Glockenrebe sind genügsame Gartendarsteller, die sich ihrer überwältigenden Wirkung gar nicht bewußt zu sein scheinen. Bereitwillig ringeln sie sich um irgendwelche Häßlichkeiten und umgeben sie mit Farbe und Wohlgeruch.
Ich glaube, die Anlage seines Theatergartens war für das Gartengenie eine glückliche Zeit. Er plante sogar ein wenig langfristiger und wagte, den folgenden Jahren zu vertrauen. Der Wünschelrutengänger hatte Wasser gefunden, und es entstand ein kleiner Brunnen. Damit entfiel die Eimerschlepperei. Beim Graben erwies sich das Gelände auch als archäologisch interessant. Nichts Antikes gab der Boden frei, dafür Reste von hübschem Porzellanspielzeug aus dem neunzehnten Jahrhundert, offenbar hatte es dort eine kleine Fabrik gegeben. Winzige Torsi, Hände und Köpfe wurden ausgegra-

ben, gesäubert und auf einer Mauer zur Schau gestellt. Das war nicht von langer Dauer. Die kleinen Kostbarkeiten verschwanden rasch in den Taschen der Besucher. Der Gärtner nahm das stoisch hin, er hatte seine Gärten nie beschützen können, weil sie ihm ja nicht gehörten. Jeder konnte sie benutzen, Eigentum als solches hatte sowieso in seinen Kreisen einen schlechten Ruf.

Am Morgen nach irgendwelchen Festen, zu denen nicht er eingeladen hatte, konnte man ihn sehen, wie er still Flaschen und Kippen einsammelte, niedergetretene Pflanzen aufrichtete und Feuerstellen wieder mit Erde bedeckte. Wenn man ihn darauf ansprach, lächelte er schief und sagte, es sei doch gut, daß die Leute sich hier wohl fühlten. Ich glaube nicht, daß es auch nur einen der Feiernden interessierte, wem sie das sonderbar schöne Stück Erde da verdankten.

Solange sie mir nicht helfen wollen, macht es mir nichts aus, sagte er noch. Das sollte heißen, eine gelegentliche gutmütige Zerstörung und ein bißchen Klauen waren für ihn leichter zu ertragen als der Wunsch von jemandem, mitgestalten zu wollen. So ein hergelaufener Möchtegerngärtner würde sicher unschuldige Äste abschneiden oder etwas Gelbes neben etwas Rotes pflanzen, behüte!

Wahrscheinlich hat er in seinen Gartenstunden oft über Liebe und Besitz nachgedacht und darüber, daß einem das eine ohne das andere ziemlich schwergemacht wird. Zu oft hatte er einen Ort verlassen müssen, den er zum Wachsen und Blühen gebracht hatte und der nun hilflos der gleichgültigen Welt preisgegeben war – denn ignorant waren alle außer ihm, was Gärten betraf. Das denkt jeder leidenschaftliche Gärtner. Manchmal nahm er etwas mit, aus dem verlorenen Garten in den nächsten, den es urbar zu machen galt. Das konnte ein besonders empfindliches Gewächs sein, ein Beutelchen ge-

sammelte Samen, ein Steckling. Manchmal grub er auch behutsam kleinere Bäume aus und parkte sie in Kübeln, bis er eine neue Heimat für sie gefunden hatte.
Ganz ohne Garten war er meines Wissens kaum jemals, auch wenn es manchmal schwierige Notlösungen waren, vergessene Brachen hinter irgendwelchen Parkplätzen oder der ungeliebte Schrebergarten von Freunden. Er machte sich keine Illusionen: Nach einem halben Jahr unter seinen Händen würden die Freunde ihren Schrebergarten plötzlich lieben, sie würden behaupten, sich jetzt selber regelmäßig um ihn kümmern zu wollen – und im folgenden Jahr wäre alles Schöne und Besondere wieder zunichte.
Vielleicht kann andauernder Abschiedsschmerz einen Gartenmenschen umbringen – zumindest aber macht er ihn zum Umstürzler, zum stillen, zornigen Revolutionär.
Warum darf man nicht auf Lebenszeit behalten, was man doch erschaffen hat? Warum dürfen seelenlose Geldsäcke abhacken, umgraben, wegschneiden, roden und vergiften lassen, was ihnen paßt? Sie tun es ja nicht einmal selber, die Gartenmörder, wenn sie irgendwo einen Supermarkt oder eine Tankstelle hinbauen wollen, schicken sie gedungene Killer mit Kettensägen und Baggern, sie haben die Zeder, den Apfelbaum, die Magnolie, denen sie in einer einzigen Stunde den Garaus machen lassen, nie persönlich kennengelernt. Der Gärtner aus Liebe gerät in ein nicht nur politisch ausweglose Dilemma: Besitz zu verabscheuen und gleichzeitig zu ersehnen. Denn der Allmächtige hat Millionen potentieller Gärten über die Erde verstreut, gleichzeitig aber den größten Teil der Menschheit grob und geldgierig gemacht. So denkt der besitzlose Gärtner, während der besitzende sich gemeinhin mit dem ihm zugeteilten Stück zufriedengibt und vollauf damit beschäftigt ist, selber Schöpfer zu

spielen. Der Trick funktioniert im allgemeinen gut, nur ihm ist es zu verdanken, daß es nicht mehr Aufruhr in der Welt gibt.
Es kam, wie es kommen mußte: Er zerstritt sich mit den Theaterleuten und sollte das Feld räumen. Dazu muß man sagen, daß er mit seinen Gärten meistens auch seine Wohnung verlor. Das schien keine große Rolle zu spielen, niemand wußte genau, wie und wo er eigentlich hauste, und daß bei seiner zähen und unguten Trennung von den Theaterleuten eine nach Tausenden zählende Blumenvasensammlung auftauchte, die sein einziges Eigentum bildete, paßte zu ihm. Diesmal konnte er seine Bitterkeit nicht verbergen. Überall, auch bei mir, bat er um Asyl für seine Theatergartenpflanzen, die er nicht einem armseligen Weitervegetieren überlassen wollte. Es waren eben doch einige schöne Stauden zusammengekommen, die sich nicht wie seine geliebten Einjährigen im Herbst ohnehin verabschieden würden. Für die suchte er nun Zufluchtsorte, mit der Maßgabe, daß man sie ihm, wenn ein neuer Garten gefunden sei, wieder überließe. Bei mir landeten drei einzigartige rosa Päonien. Sie sind immer noch da, haben für drei Tage im späten Frühjahr einen grandiosen Auftritt und nehmen die restlichen dreihundertzweiundsechzig Tage Platz weg.
Zum erstenmal wohl wirklich gartenlos vagabundierte er nun durch die Szene, manche bedauerten ihn, den meisten fiel er auf die Nerven. Er versuchte sich in mancherlei Jobs, meinen Vorschlag, seine grünen Talente beruflich zu nutzen, lehnte er ab. Einem fremden Gartenherrn zu dienen wäre ihm unmöglich gewesen, und die industrialisierte Gartenwelt mit ihren gefärbten Primelmassen und moribunden Exoten war ihm ein Greuel. So arbeitete er ab und zu in einem Museum, malte seltsame Bilder und bepflanzte hier einen städtischen

Betontrog und dort ein paar kahle Baumscheiben in der Innenstadt. Kenner wußten: Wenn man auf ein besonders bezauberndes oder überraschendes Arrangement mitten in der städtischen Öde traf, für die das Wort Straßenbegleitgrün – ein Amtsbegriff – gar nicht schöner hätte erfunden werden können, hatte er seine Hand im Spiel. Er konnte nicht anders, als sein schwieriges und nicht sehr glückliches Leben auf diese Weise zum Blühen zu bringen. Seine grauenhafte Vasensammlung hatte er in diversen Freundeskellern untergebracht, und er träumte vom Reichtum, den sie ihm bringen würde, wenn er sich zum Verkauf entschlösse. Mein Einwand, man könne die Sammlung einzig für einen Polterabend brauchen, kränkte ihn nicht.
Irgendwo hatte er jetzt ein kleines Dachzimmer, aber es kam noch einmal ein Garten der besonderen Art auf ihn zu. Irgend jemand hatte von seinem Talent Wind bekommen, jemand, der bei der Stadt etwas zu sagen hatte. Und da gab es ja diese Insel, ein verwahrlostes Eiland mit einem alten Luftbad, einem Vogelbrutgebiet und mehr Brennesseln als Gänseblümchen. In unserer Stadt wird immer mal wieder etwas Vergessenes entdeckt, das jeder jederzeit hätte sehen können. Das wird dann diskutiert, ehrgeizige Instandsetzungs- und Nutzungspläne werden erstellt, und niemandem scheint klar zu sein, daß grade scheinbar vergessene Orte meist sehr intensiv genutzt werden. Allerdings auf eine Weise, die Stadtveredlern nicht unbedingt gefällt.
Eigentlich war es keine schlechte Idee, das Inselprojekt unserem gartenlosen Gärtner anzuvertrauen. Man sah einen wie ihn wohl als willkommenen Mittler zwischen den ästhetischen Wünschen der Stadt und den Gewohnheiten jener, die sich die Insel schon seit langem unter den Nagel gerissen hatten und sie auf eine etwas wüste Weise nutzten. Haupt-

sächlich für Picknicks, bei denen Hammel gegrillt wurden, und für spontane Popkonzerte, die man an beiden Flußufern und bis weit in die Stadt hinein hören konnte.
Ich habe ihn nie so aufgeregt und gesprächig erlebt wie in dieser Zeit. Was man ihm für seine Pionierarbeit bezahlte, weiß ich nicht, es war ihm wohl auch nicht wichtig. Zum erstenmal wartete ein großes Gelände auf seine Ideen und seine Arbeit, durch seine Inselexistenz von Natur aus umschlossen und gleichzeitig von beiden Seiten der Stadt sichtbar. Kraut und Rosen nannte er, was da entstehen sollte, und er stellte sich die Zähmung der Inselbenutzer durch Schönheit und die Kraft der gärtnerischen Kultur vor. Er wollte sie keineswegs vertreiben, die Jugendlichen mit den Kapuzenjacken und die Großfamilien, nur die Feuerstellen konzentrieren, damit die Insel nicht länger aussehen würde wie nach einem Brandbombenangriff.
Wenn man sie ohne Menschen erlebte, früh an einem dunstigen Morgen zum Beispiel, zeigte sie ihren ganzen Zauber. Die Westspitze war von Tausenden Vögeln bewohnt, Enten, Tauchhühnchen, Schwäne, Möwen und verschiedene Gänsearten spielten Paradies. Die Reste des alten Luftbades in der Mitte hätten eine gute Filmkulisse abgegeben, und am Ufer hängten mächtige Weiden ihre Zweige in den Fluß. All das machte den Gärtner zum erstenmal in seinem Leben zaghaft. Er, der durch beengte und schwierige Terrains beflügelt worden war, konnte die Freiheit nicht genießen. Daß es sowieso keine war, keine echte jedenfalls, merkte er noch nicht. Wenn man ihn besuchte, zeigte er einem Möglichkeiten, beim nächsten Mal sprach er von anderen Möglichkeiten, und von den ersten war keine Rede mehr. Mal stolperte man über ein unmotiviert in eine Wiese gepflanztes Rosenbeet, oder es stand ein Rankbogen in der Gegend herum, ein Bild der Rat-

losigkeit. Bögen, durch die man von nirgendwo nach nirgendwo schaute.
Man sieht nicht, wo es hinsoll, sagte ich. Wo war der geblieben, der aus Brachen Paradiese gemacht hatte?
Es ist von allein schön, antwortete er, ich weiß nicht, wozu ich hier bin.
Es kam aber doch ein ganz vielversprechender Sommer, die von ihm ausgesäten Wiesenblumen machten aus dem sumpfigen Rasen ein buntes Wunder, und manchmal kriegte er freundliche Kulturschaffende dazu, sich unter den Weiden niederzulassen und was vorzulesen oder zu singen. Aus sicherer Entfernung schauten die Kapuzenjungs zu und grinsten. Sie warfen aber nicht mit Steinen, da jedenfalls noch nicht. Wahrscheinlich amüsierte es sie, arme Irre zu betrachten, die Musik ohne Verstärker machten. Da und dort zeigte sich auf der Insel die Handschrift des Gärtners doch. Die weiße Clematis an einem alten Pflaumenbaum ließ ihre Ranken baumeln wie auf einer japanischen Tuschzeichnung, an einer sandigen, sonnigen Stelle war plötzlich, wie über Nacht, ein Sukkulenten- und Kaktusgarten entstanden, sogar eine Eidechse hatte sich offenbar überreden lassen, dort ein Gastspiel zu geben. Die Lokalpresse berichtete freundlich, das Inselprojekt schien auf einem guten Weg.
In Wirklichkeit überforderte es ihn vollkommen. In Wirklichkeit hatte er Angst vor den vormaligen Inselherrschern, denen die Zeit des Duldens wohl schon zu lang dauerte. Also Schluß mit dem nachsichtigen Amusement über diesen Deppen, der Tag und Nacht mit erdigen Händen über ihre Insel streifte und über jede Feuerstelle nölte. Er hatte wirklich eine etwas unangenehme Stimme, der Gärtner. Ein gleichmäßiges Beleidigtsein klang aus ihr, ein Nichteinverstandensein mit der Welt, quäkig und abstoßend. Seine wenigen Freunde hat-

ten sich daran gewöhnt, in seinen besseren Zeiten redete er sowieso nicht viel.
Er machte wahrscheinlich alles falsch. Ob man es überhaupt hätte richtig machen können mit der Insel, wer weiß das schon? So pflanzte und säte der Gärtner weiter planlos und verzagt vor sich hin, und die Ureinwohner gingen hin und trampelten die Beete wieder platt, zerhackten die Rankgerüste und machten Feuer, wo es ihnen gefiel. Kulturschaffende ließen sich kaum noch unter den Weiden blicken, es hieß, man würde dort mit Steinen beworfen, aber niemand wußte Genaues. Die Sache war wohl von Anfang an zu groß gewesen, und wenn Kommunen die Anlage eines Paradieses beschließen, tut sich nicht selten der Weg zur Hölle auf. Das Inselvolk, durch die ungelenken Erziehungsversuche verdrossen, wurde aggressiver. Der Gärtner hatte ihnen außer Klagen und Beleidigungen nichts entgegenzusetzen. Sie bestätigten seine Zerfallenheit mit der Welt, sein Unglück und seine Furcht. Am Ende war es so, daß er jedes zerstörte Beet, jeden abgerissenen Zweig und jede niedergetretene Blume mit grimmiger Befriedigung anschaute. Sie gaben ihm recht. Menschen waren Gärten nicht wert, so einfach ist das.
Als der Winter kam, verlor man den Gärtner aus den Augen. Das war zwar in jedem Jahr so gewesen, aber diesmal blieb es dabei. Es wurde ohne ihn Frühling, nirgendwo in der Stadt tauchten bunt blühende Baumscheiben oder schön inszenierte Betonkübel auf, es blieb bei den städtischen Stiefmütterchen. Über sie hatte er, der Verteidiger unterschätzter Pflanzen, nur Freundliches zu sagen gehabt. Wenn man nicht einfach die Farben nebeneinanderknalle, sondern sich der gelben, lila und braunen Palette in feinen Abstufungen bediene, wenn man niemals klein- und großblütige mische, wenn man sie dicht genug pflanze und nicht vor ihrer schön-

sten Blütenfülle schon herausreiße, wie es leider üblich sei, und wenn man ihnen noch den Sommer gönne, womit man allerdings Kopfschütteln riskiere – dann, ja, dann seien Stiefmütterchen ganz wundervolle Blumen.
All das sagte er nicht, denn er war und blieb verschwunden. Mit ihm Teile der Vasensammlung. Auch mußte leider bemerkt werden, daß die Gruppe seiner Gläubiger weit größer war, als jeder einzelne von ihnen geahnt hatte. Wirklich schmerzende Verluste wollte er wohl keinem zufügen, deswegen die breite Streuung.
Irgendwann hörte man von seinem Tod. Es wird im Garten Eden bestimmt eine vernachlässigte Ecke geben, allein für ihn.

Gefährliches Terrain

»Schlage die Trommel. Komm in den Garten. / Dein Blut klopft. Fürchte dich nicht.« Ulla Hahn

Es ist immer wieder eine interessante Erfahrung, intellektuelle Gartengäste zu haben. Zunächst gilt es, Männer und Frauen auch in diesem Fall umsichtig zu unterscheiden. Intellektuelle Frauen, die sich nichts aus Gärten machen und ihre Geschlechtsgenossinnen, die es tun, ein wenig verachten, sollten grundsätzlich nicht durch Überzeugungsarbeit belästigt werden. Man suche ihnen einen schattigen Platz, an dem nichts kratzt, sticht, übers Gesicht wedelt oder aufdringlich riecht, versorge sie mit Getränken und verschone sie unbedingt mit Hinweisen auf das Gelungensein irgendwelcher Gewächse. Am besten ist, man unterhält sich mit ihnen genau über das, worüber man sich auch an jedem anderen Ort mit ihnen unterhielte: Regietheater, Promotionsordnung, Kriminalität, Lagerfeld – egal. Nur nichts Florales. Der CO_2-Ausstoß ist in diesem Zusammenhang ein Grenzfall. Fingerspitzengefühl ist ebenso gefragt wie Selbstverleugnung, die nötig wird, wenn eine dieser Frauen direkt neben der in cremefarbener und goldener Vollblüte stehenden Gloria Dei sitzt und sie offenbar nicht sieht. Oder, was noch schlimmer ist, sagt: Hübsch. Sind das Rosen? Niemals darf man auf so eine Frage antworten, nicht herablassend (Wonach sehen sie denn aus?) und schon gar nicht belehrend (Es ist eine ganz besondere Sorte, eine alte Rose, Erstzüchtung 1945, in X. wird sie von Herrn Y. gezüchtet). Unsere Gesprächspartnerin wäre höflich angeödet, und wir wären künftig für wichtige Themen gestrichen.

Es wäre falsch zu glauben, daß man mit Frauen dieser Art nicht befreundet sein kann, wenn man sein Herz an irgendein Stück Erde verschenkt hat. Man darf nur nicht missionieren. Und vielleicht ist das Mißtrauen – denn darum handelt es sich bei den Gebildeten unter den Gartenverächterinnen – ein paar Gedanken wert.

Das Mißtrauen richtet sich gegen alles letztlich Unbeeinflußbare. Gegen die Notwendigkeit, sich in dumpfer Ergebenheit zu üben und sich selber immer wieder mit dem Versprechen zu betrügen, ein Garten gelange vielleicht erst nach der zugemessenen gemeinsamen Lebensspanne zu seiner vollen Schönheit. Solche grenzmystischen Ungenauigkeiten sind der echten Intellektuellen ein Greuel. Und das kann man auch verstehen. Man kämpft ja selber nicht selten mit dem Gefühl einer großen Vergeblichkeit, in die das widerspenstige Stück Boden einen tückisch verwickelt hat.

Man mag selber das System von Strafe und Belohnung, das jedem Garten auf seine besondere Weise eigen ist, durchschauen. Aber wie will man jemandem, der grade *Finnegans Wake* übersetzt oder Hieronymus Bosch enträtselt, das Entzücken über ein Büschel gelben Seidenmohns an unvermuteter Stelle erklären? Man kann es nicht. Man hat ja nichts zum Erscheinen der Blumen beigetragen, die nun so unvergleichlich aussehen, sie sind kein Verdienst und nichts Erreichtes, und eigentlich sind sie ja eine Art Unkraut. Mit irgendwelchen schwer errungenen Zuchterfolgen auftrumpfen zu wollen ist noch peinlicher. Also bleibe man mit dem beschlagenen Glas und der intellektuellen Freundin im Schatten sitzen und höre ihr über Joyce oder Bosch zu. Mit sehr viel Glück könnte der Mohn auf einem Umweg zurückkommen, papieren oder gemalt: auch nicht übel.

Bei intellektuellen Männern, die sich in unseren Garten verirren, trifft man in der Regel auf ein schwer entflechtbares Gewirr aus Furcht, Langeweile, Besorgnis, Neugier und Unsicherheit. Das Ganze wird gemildert durch jenes vage Wohlbefinden, das sich an einem schönen Tag in einem Garten fast zwangsläufig auch bei denen einstellt, die dem Treiben der Natur argwöhnisch gegenüberstehen. Aber zunächst muß man den großen Vorteil betonen, der dem Zusammensein mit einem intellektuellen Mann im Garten innewohnt: Er wird einem nicht dreinreden, niemals. Er kann prinzipiell einen Kaktus nicht von einem Kopfsalat unterscheiden, aber er nimmt das nicht wie manche Frauen als Beweis seiner intellektuellen Überlegenheit. Manchmal stellt er aus Höflichkeit rührende Fragen, die ihn als Bewohner eines anderen Kontinents ausweisen: Ob so ein Garten nicht viel Arbeit mache und wie man diese Büsche da so rund gekriegt habe. Man muß ihm nicht antworten. Allerdings keimt manchmal das Interesse des intellektuellen Mannes an unvermuteter Stelle, zum Beispiel bei technischen Dingen wie einer Bewässerungsanlage oder einem besonders komplizierten Gartengerät. Die Garteninhaberin hat womöglich beides längst für unbrauchbar erklärt – schließlich verfolgt uns seit langem die schmerzliche Erinnerung an ein Gartenfest, bei dem das Bewässerungswasser durch einen Schaltfehler unter die Röcke und in die Hosenbeine der Gäste schoß. Grade durchdachte, teure Gartengeräte vermitteln oft den Eindruck, wir seien zu blöde und zu ungeschickt für sie. So was schauen sich kluge Männer gern an, geben Bedienungsempfehlungen und machen Vorschläge. Das hat einen einfachen Grund: Werkzeuge vermitteln den Eindruck von Beherrschbarkeit. Das Land – auch im bleichsten Bücherwurm wohnt ein kleiner Urmensch – muß sich dem Eisen ergeben. Der intellektuelle Gast wird sich des Themas mit um so mehr Interesse und

Phantasie annehmen, je sicherer er sein kann, daß wir ihm besagtes Eisen nicht in die Hand drücken.

Ein anderer Weg, zwischen dem geliebten Garten und dem klugen Freund ein wenig Vertrautheit zu säen, ist die Sache mit der Eßbarkeit. Ich rede nicht von Johannisbeeren oder Äpfeln, daß die an Büschen und Bäumen entstehen, weiß auch der Stadtneurotiker. Der wiederum ist aber zu beeindrucken, wenn man in seiner Gegenwart Gänseblümchen, Kapuzinerkresse oder Salbei verspeist, also Dinge, die er für überflüssigen Schmuck hält. Obwohl Blumen im Essen grade Mode in feineren Lokalen sind, wird der normale intellektuelle Mann im Restaurant ein Stiefmütterchen, das auf seiner Barbarieentenbrust liegt, verwirrt entfernen. Wenn man dagegen so etwas vor seinen Augen pflückt und aufißt, wird es ihn interessieren. Der Gedanke, wieviel auf Erden ungenutzt und verkannt blüht und verwelkt, hält an einem sonnigen Nachmittag im Garten auch einer kleinen philosophischen Erwägung stand.

Allerdings muß man aufpassen, daß aus diesem neuen Wissen kein Unheil entsteht, und den neugewonnenen Experimentierer davon abhalten, samtige Eibenbeeren oder Goldregenblüten zu essen. Wie gesagt, aus dieser Art der Pflanzenerfahrung können brauchbare Gesprächsthemen erwachsen, und vom Philosophischen bis zum Toxikologischen ist dann nur noch ein kleiner, aber interessanter Schritt.

Ein Garten ist mitsamt seinem Besitzer oder seiner Liebhaberin einer Fülle von Mißverständnissen und Verdächtigungen ausgesetzt. Die Beschäftigung mit ihm sei Flucht, Rückzug, Feigheit, Resignation – ein bißchen was ist ja auch dran an diesen Verdikten. Passionierte Gärtner gelten als Menschen, die politisches Denken und Handeln aufgegeben haben. Sie kämpfen oft selbst mit dem Gefühl, weltabgewandt

zu sein, spießig, des Virtuellen jeder Art nicht mächtig. Der Hinweis, die Abbildungen von Muscariblüten im Internet ließen uns die Pflanze nicht wirklich kennenlernen, stößt bei Nichtgärtnern auf herablassendes Mitgefühl. Ein Bestehen auf Authentizität, die nur vom Zusammenspiel aller Sinne hergestellt werden kann, ist vorgestrig.
Gleichzeitig hat merkwürdigerweise Garten und alles, was den Menschen ihn betreffend eingeredet wird, Hochkonjunktur. Ein Wirtschaftszweig ist er, als solcher hat er ihn als Lebensort und -notwendigkeit längst überholt. Der moderne Garten, der Herzeigegarten, lebt von der Veränderung. Alles, so suggeriert der Gartenmarkt, ist machbar. Sizilien in Niedersachsen, Kyoto an der Ostsee. Eine Million neunhundertelftausendeinhundert Möglichkeiten zur Auswahl.
Der kontemplative Garten alter Art dagegen lebt von seiner Einzigartigkeit und verändert sich nur sachte, so wie das Jahr es will und der Boden. Er ist manchmal unansehnlich und hat Zeiten des Sich-Sammelns. Und er stellt seine Bewohner auf harte Proben. Den kontemplativen Garten könnte man intellektuellen Freundinnen und Freunden sogar nahebringen, wenn man es denn schaffen würde, sich selbst zu ihm zu bekennen.
Schau, wie schön das aussieht, sagt der Gast. Laß doch das Gras wachsen. Spätestens im Juni sieht es dann wie Kuhfutter aus, antwortet man. Auch der Vorschlag, um besonders hübsche Stellen herumzumähen, gleichsam kleine Paradiesesinseln stehenzulassen, befriedigt nicht wirklich. Es sieht bedenklich nach Hundegrab aus, und wenn es dann doch abgemäht werden muß, bleibt es braun. Über was für Sachen du dir den Kopf zerbrichst, sagt der Gast. Er hält dergleichen Überlegungen für überflüssig, das sieht man ihm an. Es ist ja wahr: Man könnte in der Zeit, die man verschwendet, um

sein Stück Erde zu möglichst dauerhafter Schönheit zu überlisten, Besseres tun. Dostojewski lesen, Sudoku lernen, die Steuer machen. Oder weiter nachdenken über Ordnung und Unordnung, Zwang und Freiheit, Leere und Fülle. Letztlich über schöne Lügen und häßliche Wahrheiten. Abgeblühte Tulpen zum Beispiel sind eine besonders häßliche Wahrheit. Sie rauszuschmeißen und etwas anderes hübsch Vergängliches zu pflanzen ist eine Lüge, eine Kapitulation vor den Einflüsterungen der Gartenverführer mit ihren bunten Katalogen. Man muß das Abgeblühte aushalten lernen, das hilft auch beim Blick in den Spiegel. Gut, etwas Make-up kann nicht schaden, und zwischen die Zwiebeln Calendula- oder Margeritensamen zu legen mildert die Trauer darüber, wie schnell der Frühling vorübergeht. Tulpenstengel und Blätter muß man aber heruntertrocknen lassen, wenn man im nächsten Jahr wenigstens ein paar neue Blumen haben will.

Von gartenbesuchenden Intellektuellen kann man viel lernen, wenn man will. Nämlich daß es nicht schadet, die eigenen ins Kraut geschossenen Grandiositätsphantasien kritisch zu betrachten. Tatsächlich ist es ratsam, sich und seinen Garten manchmal mit fremden Augen anzuschauen, damit man nicht wunderlich wird. Verblüffend bekömmlich sind dabei Freunde, die außer den Farnen im Fenster ihrer Stammkneipe keine Gewächse gelten lassen. Voltaires *Il faut cultiver notre jardin* erklären sie zur reinen Ironie und das Loblied auf das eigene Stück Erde für den Anfang aller Irrwege. Unser Einwurf, daß man die Unmöglichkeit sozialistischen Handelns leicht an dem Unfrieden erkennen könne, der schon bei der primitivsten Gestaltung und Pflege eines Gemeinschaftsgartens entsteht, kontern sie kühl mit dem Vorwurf, man weigere sich, zur Verantwortung für das Gemeinwesen zu stehen. Daß Menschenwerk nur dann wirklich erträglich ist, wenn es sich um das eigene handelt – was Bepflanzungen betrifft jedenfalls –, dient als Beweis für unsere Rückständigkeit. Das hat alles einen wahren Kern, oh, wer wüßte das besser als wir selber, wenn wir in unserer selbstgewählten Einsamkeit Meter um Meter Buchshecke frisieren. Wie schön wäre da friedliche Arbeitsteilung. Aber es geht eben nicht. Grade das Buchseschneiden führt zu heftigen Zerwürfnissen.

Wir bedenken also unseren Garten, angeregt durch kluge und gartenabstinente Freunde, von Zeit zu Zeit neu. Was heißt es, diesen paar Quadratmetern erlegen zu sein? Es heißt, daß man auf das Größere verzichtet hat. Natürlich war einem das nicht von Anfang an klar. Der Garten schien nur eine Station auf dem Weg zu sein, eine kleine Seitengasse des Lebens, zum wirklich Wichtigen würde man noch kommen. Und nun ist er für uns das wirklich Wichtige geworden, warum wird einem das eigentlich erst durch die etwas mitleidigen Blicke derer bewußt, die sich bisher nicht haben aufhalten lassen und Sätze sagen wie: Ich hätte für so was keine Zeit. Einst wollten wir die Welt verändern, Karriere machen, Entscheidungen fällen – jetzt graben wir um, stecken Zwiebeln und bekämpfen nicht den Kapitalismus, sondern den Dickmaulrüssler.

Das Dilemma wird nicht aufzulösen sein, es läßt sich aber in an- und aufregender Gesellschaft unter Bäumen ganz gut ertragen, auch wenn unsere Gartengäste sich nicht dafür interessieren, wie die Bäume heißen, unter denen sie sitzen. Eines Tages werden wir Mut fassen und ihnen sagen, was sie versäumt haben. Sie verstünden nämlich mehr, wenn sie mehr verstünden. Nehmen wir zum Beispiel die Sache mit den Trauerrosen: Else Lasker-Schüler schreibt von den Amseln, die ihnen glichen, und nur, wer im Garten den wirklichen Amseln zugesehen hat, vermag ihr zu folgen. Amseln stürzen nämlich wirklich schwarzen Rosen gleich aus dem Himmel bis kurz vor den Boden, eine fallende, nicht eine fliegende Bewegung, und so zeigt sich, daß die Dichterin genau hingeschaut hat, in wessen Garten auch immer. *Nimm die Forsythien tief in dich hinein* – um sich vorzustellen, wie das sein könnte, sollte man sie genau angesehen haben, diese Forsythien. Sie lassen nämlich die erste wilde Farbe im Jahr aufgehen, ein reines, augenbetäubendes Gelb, eine Überwältigungsfarbe. Viele mögen sie deshalb nicht, aber Gottfried Benn fordert, sich diesem Gelb ganz auszuliefern und es sich gleichsam einzuverleiben. Wie kann man das Gedicht verstehen, ohne dieses Gelb wirklich zu kennen? Die Dichter pflükken ihre Wörter oft in Gärten, und nur, wenn man Gärten kennt, kann man sie wirklich verstehen. *Hüt dich, schöns Blümelein!* Was begreift man zum Beispiel von dem Barocklied, das den Schnitter Tod besingt, wenn man keine Ahnung hat, wie Narzissen oder türkische Binden aussehen? Denn in diesem Lied stehen die Blumen für Menschen, hochmütige, prunksüchtige und demütig sich duckende. Alle kommen sie unter die Sense. Und ob man selber ein himmelblauer Ehrenpreis oder eine weiße Lilie war, ist dann nicht mehr wichtig, vorher aber um so mehr. Unkraut oder Blumenadel.

Einen Philosophen kenne ich, der einen Sommer lang begriffen hat, wie wohl ihm der Garten tut. Er hat vielleicht seine antiken Vorläufer gelesen, Cato und Lucullus und Sulla beispielsweise, die sich aus der Stadt zurückgezogen und in den Zäunen und Hecken der Gärten eingeschlossen hatten. Das weiß ich nicht, darüber haben wir nie gesprochen. Jedenfalls erkannte er plötzlich, wo allein er imstande war, Einzigartiges hervorzubringen, den Garten nicht als Fluchtort, sondern als produktives Experimentierfeld nutzend. Seine Seminare hatten ihn gelangweilt, seine Schüler erschienen ihm öde,

seine Bücher trockene Kost. Da geschah es irgendwann, daß ihm jemand eine Anzahl winziger Samen schenkte mit dem Hinweis, daraus würde Erstaunliches entstehen.
Es handelte sich um Tomatensamen einer Sorte namens De Berao. Der Philosoph legte die Samen sorgfältig in eigens gekaufte Torftöpfchen, stellte sie auf ein helles Fensterbrett, hielt sie feucht, aber nicht zu sehr, und beobachtete sie. Erst zeigten sich zwei winzige Keimblättchen an einem fadendünnen Stengel, ganz wie bei allen Tomatenpflanzen dieser Welt. Bald aber bewies die Pflanze ihrem Erzieher, was sie konnte: Sie wuchs ihm in Windeseile über den Kopf. Wie sehr hatte er sich das von seinen Schülern gewünscht, aber denen war er auf ermüdende Weise gewachsen geblieben. Nicht so der Tomate namens De Berao. Mit fünf dieser Giganten hatte er arglos angefangen. Hätte er alle behalten, wäre ein Umzug in einen anderen Garten unumgänglich gewesen. So verschenkte er alle bis auf eine.
Schon frühmorgens bewunderte er die wuchernde Pracht, der er alle paar Tage einen neuen Topf verpassen mußte, bis er endlich einen mächtigen Wurzelballen in seinen Gartenboden wuchten konnte. Aus Latten, Besenstielen und Gittern baute der Philosoph immer neue Rankgerüste für die sich nach allen Seiten unmäßig ausstreckende Pflanze. Er wunderte sich, wie sehr ihn die Fürsorge für die Mammuttomate befriedigte. Er wurde nicht müde, zu beobachten, was sich aus dem winzigen Körnchen entwickelte. Den Blütenansatz vermerkte er in seinem Notizbuch, das ihm zuvor jahrelang nur zur Aufnahme von Zitaten gedient hatte. Er vernachlässigte sein Seminar. Der Neukantianismus ließ ihn mit einemmal kalt. Ein Symposion, auf das er sich monatelang vorbereitet hatte, vergaß er, weil er sich im Zählen der Fruchtstände – Myriaden von tomatenversprechenden kleinen grü-

nen Kügelchen – verloren hatte. Längst hatte die De Berao das Garagendach erklommen und zur Hälfte bedeckt. Regen ließ sie kalt, von der gefürchteten Braunfäule, die einem die Tomatenzucht vergällen kann, blieb sie verschont. Dem Philosophen war zum erstenmal das unschuldige Glück des Schöpfertums zuteil geworden. Da war zu vernachlässigen, daß der Durst seiner mächtigen Pflanze ein kleines Wasserwerk hätte auslasten können.
Er war wie viele intellektuelle Männer kein sehr freundlicher Mensch, der Philosoph. Seine Mitwelt ertrug er nur durch Papier abgeschirmt und geschützt. Mit seinen Erkenntnissen pflegte er sich soviel Mühe zu geben, daß er Widerspruch nicht ertrug, ja, nicht einmal begriff. Was durch die unendlich gewundenen und feinen Filter seines Verstandes gewandert war, konnte reiner, schlackenloser nicht mehr gedacht werden. So was schafft Bewunderer, Schüler, Verehrer – Freunde nicht. Bevor die Tomate in sein Leben getreten war, diente ihm sein Garten lediglich als einigermaßen angenehmer Aufenthaltsort. Wunder waren was für Weiber. Das hätte er nie so gesagt, man sah ihm aber an, daß er es dachte. Und nun geschah ihm selber eins, jeden Tag, Meter um Meter. Für die Tomate waren keine Metaphern nötig, ihre geschenkte Fülle und Einzigartigkeit machte den Philosophen ein bißchen demütig. Über die Freuden der Mitmenschen dachte er nicht mehr gering. Er ließ sich Samenkataloge und Staudenangebote schicken und lernte, sich an ihren haltlosen Versprechungen und den schönen Namen zu begeistern.
Als die Erntezeit gekommen war, brach die De Berao zwar alle Rekorde, es darf allerdings nicht verschwiegen werden: Die Tomaten schmeckten nicht besonders. Sie waren mehlig und ziemlich fade. Mit dem Philosophen sprach darüber aber niemand. Man ließ ihm den triumphalen Höhepunkt seiner

neuen Erfahrung und machte stillschweigend Suppe aus der Rekordernte.

So kann es gehen, wenn einen Intellektuellen der Gartenpfeil ins Herz trifft. Das geschieht nicht oft, und wenn, dann auf die Tomatenart. Das besondere, das verblüffende Ereignis verführt kluge Leute manchmal für kurze Zeit. An der Eintönigkeit, mit der sich das echte Gartenopfer anfreundet – nicht nur das, es braucht diese Eintönigkeit wie die Luft zum Atmen –, haben echte Intellektuelle keine Freude. Es fällt ihnen zuverlässig eine Menge Wichtigeres ein, wofür man seine Zeit verwenden sollte. Sie reagieren nervös, wenn wir ihnen vom schöpferischen Potential erzählen, das beim Kompostumsetzen, Bäumeschneiden oder Rasenmähen freigesetzt wird. Sie glauben uns nicht, weil wir uns selber nicht wirklich glauben. Es sind doch alles Ausreden, und die gescheiten Leute wissen es. In Wirklichkeit haben wir, die Gartenliebhaber, die prachtvollste Art zu verblöden entdeckt, eine Leichtigkeit des Seins ganz eigener Art. Beim Graben grübeln, sich über Zwiebeln und Zweige Gedanken machen, die Vollkommenheit des Unwichtigen bis zur Neige auskosten: Jeder, der einmal ein neues Beet geplant oder die Anlage einer Hecke bedacht hat, kennt die wunderbare, grün beschienene Leere, die sich dabei im Kopf einstellt. Insofern haben wir etwas zu verschenken und sollten das großzügig tun. Mehr als ein ungefähres und unbegründetes Wohlbefinden werden unsere intellektuellen Freundinnen und Freunde nicht zustande bringen, das muß uns, den Gestaltern des *locus amoenus* genügen. Und wir dürfen dafür erwarten, daß wir am Geistesleben wenigstens soweit beteiligt werden, daß wir uns in Gesellschaft nicht blamieren. Justus Lipsius soll recht haben: *Denn es ist fürwahr eine uns verborgene und angeborene Kraft, deren innerste Ursachen ich nicht leicht angeben kann, die uns zu dieser unschädlichen und ehrlichen Lust hinzieht, nicht uns allein, die wir ohnehin dazu geneigt sind, sondern auch eben diese ernsten und strengen Leute, die sich dagegen aufstemmen und dasselbe verlachen.* Lipsius nennt den Garten *diese schöne Zierde der untersten Welt.* Und mehr wollen wir ja gar nicht.

Paradiesgärten

»So werd ich versetzet / in himmlischen Garten«
Volkslied

In Wetzlar lebte vor vielen Jahren eine sehr merkwürdige Frau. Sie war von Beruf Kinderärztin, und viele heute erwachsene Wetzlarer erinnern sich an sie mit Ehrfurcht und Grauen. Sie hieß Irmgard von Lemmers-Danforth und war eine manische Sammlerin von möglichst riesigen, unhandlichen und düsteren alten Möbeln. Bevor sie von dem ganzen ehrwürdigen Gerümpel und damit einhergehenden finanziellen Schwierigkeiten erstickt wurde, vermachte sie 1963 alles der Stadt Wetzlar. Die richtete ihr im schönen Palais Papius ein Museum ein, in dem sie mit ihrer Gefährtin die letzten Lebensjahre verbrachte. Frau Dr. von Lemmers-Danforth wäre ein eigenes Buch wert, aber hier soll nur eines wunderbaren Gegenstands gedacht werden, den ich zwischen ihren Augsburger Schränken und wuchtigen Truhen entdeckt habe. Es ist ein Bildteppich aus den Niederlanden, aus dem späten sechzehnten Jahrhundert, und er zeigt ein Stück Paradies. Das ist in vielen Religionen ein Garten. Aus dem einen wurden wir vertrieben, und in einen anderen dürfen wir, wenn wir es verdienen, dereinst wieder einziehen. Oder zurück in denselben, wer weiß.

Auf dem im Dämmer des kleinen Palais unbeachtet hängenden Wandteppich ist so ein idealischer Garten, der das Zeug zum Paradies hätte, in all seiner Pracht zu bewundern. Zu den kunsthistorisch etablierten Paradiesgartendarstellungen gehört er nicht, das macht ihn aber grade spannend. Bisher unentdeckte Paradiese sind eine Herausforderung, die aner-

kannten, in denen sich schon unzählige Interpreten umgeschaut haben, lassen sich nicht mehr mit unschuldigen Augen betrachten.
Fülle und Ordnung halten sich auf dem Wandteppich in schönem Gleichgewicht, Laubengänge, Balustraden und Säulen teilen den Raum auf. In der blauen Ferne sieht man einen Wald, dahinter Berge und ein Stück Himmel, den Vordergrund bildet in zwei Bögen ein riesiger Weinstock. Menschen in festlichen Kleidern lustwandeln, Tiere begleiten sie. Zwar ist der Löwe neben dem Lamm nicht zu finden, aber jede Menge Hunde, die Pfauen und Fasane unbehelligt lassen, was ja für einen paradiesischen Zustand spricht. Nichts, was an Hatz und Jagd erinnert, ist auf diesem Teppich zu sehen, das ist selten. Jagdteppiche mit allen Stadien von Verfolgung und Tötung waren damals über die Maßen beliebt. Auf diesem Paradiesteppich scheinen alle nur gemächlich spazierenzugehen, als sei die Zeit abgeschafft. Und noch etwas ist sehr ungewöhnlich: Die Architektur besteht, wenn man genau hinschaut, aus Gemüse. Rüben werden zu Säulen, und das Rübenkraut wird zu Kapitellen. Beete erstrecken sich in die Laubengänge hinein, auch die Kuppel des Pavillons grünt. Aus den Wurzeln des Weinstocks wachsen Menschen, die ihrerseits das Gewölbe des Weinstocks tragen. Man muß an Arcimboldo denken, der Gemüse, Blumen und Früchte Gesichter bilden und so die Schöpfung auf skurrile Weise wieder eins werden ließ.
Das Paradies, in Urlaubskatalogen aus einem blauen und einem gelben Streifen mit drei Palmen bestehend und so als Ikone längst durchgesetzt, sieht in der Kunst ganz anders aus. Enger und viel reicher zugleich. Besonders schön kann man das auf meinem Lieblingsbild sehen, dem *Paradiesgärtlein* eines unbekannten oberrheinischen Meisters aus dem fünf-

zehnten Jahrhundert. Es zeigt, daß man für ein Paradies wenig Platz braucht. Das Bild ist sehr klein, in seinem umschlossenen Garten, dem *hortus conclusus*, halten sich Maria, Engel, das Jesuskind und Heilige auf, für einen so kleinen Garten ist das eine Menge, und es kommen noch Tiere und ein eher rätselhaftes Wesen dazu, das noch genauer anzuschauen sein wird. Sie scheinen einander nicht zu stören. In diesem himmlischen Garten blühen alle Jahreszeiten zugleich, die Mehlprimel neben der Madonnenlilie, die Erdbeere neben dem Maiglöckchen.

Warum wird das Paradies so oft als Garten gedacht, nicht zum Beispiel als Wald oder als Dschungel? Warum wird es nicht als vollkommene Freiheit und Gelöstheit dargestellt, sondern immer als die mehr oder weniger übersichtliche Begrenztheit eines Gartens? In Wahrheit wollen Menschen vielleicht gar nicht, daß zwischen Ordnung und Chaos entschieden wird, sondern sie wollen bis zum Jüngsten Tag auf dem schönen schmalen Grat zwischen beidem verharren, und der wird nun mal von einem Garten am besten symbolisiert. Der Unterschied zwischen himmlischem und irdischem Garten ist vielleicht nur der, daß man nicht mehr um das Gleichgewicht zu kämpfen braucht, was der irdische Gärtner tagtäglich muß. Wer in der Wüste einen Garten anlegt, und da gibt es erstaunliche Beispiele, kämpft gegen die Leere. Überall anders muß man gegen das ungewollte Zuwuchern, die Attacken ungeliebter Feinde, die Verschlingung seiner Idee angehen.

Noch einmal zum Frankfurter *Paradiesgärtlein*, das einem auf seinen paar Quadratzentimetern viel beibringen kann. Es zeigt nämlich symbolisch auch zwei Feinde, die sich innerhalb der seligen Mauern aufhalten. Der eine ist tot, er reckt seine vier Beinchen gen Himmel und ist ein kleiner Drache. Obwohl er bis in jede Schuppe wunderbar gemalt ist, muß man sehr nah ans Bild gehen, um ihn überhaupt sehen zu können. Am rechten unteren Rand hat er sein Ende gefunden und ist besiegt. Ihm schräg gegenüber aber, mit bloßem Auge kaum zu erkennen, sitzt ein höchst lebendiger kleiner Böser fast auf dem Fuß eines Engels. Vielleicht soll das bedeuten, daß es im himmlischen Garten ohne einen Störenfried, eine winzige Bedrohung, zu langweilig wäre. Das kleine Teufelchen könnte aber auch nur eine Erinnerung an das Böse sein. Was wiederum heißen würde, daß der Garten Eden nicht erinnerungslos gedacht wird, trotz seiner durch die nebeneinander gedeihenden Pflanzen symbolisierten Zeitlosigkeit. Pflanzen, die nicht verwelken oder gar sterben, eßbar in alle Ewigkeit, Äpfel und Kirschen gleichzeitig. Ein himmlisches Schlaraffenland, in dem die Vögel allerdings nicht gebraten, sondern im Vollbesitz ihres Federkleides die Menschen erfreuen. Es sollen allein auf dem mittelalterlichen Bildchen zwölf Vogelarten sein. Weil sie kaum so groß wie ein Fingernagel sind, konnte ich nicht genau nachzählen.

Im biblischen Garten Eden war eigentlich nur ein Mensch nötig, der zweite sorgte bald für das Ende der Seligkeit, aber Tiere mußten und müssen sein. Ein Garten ohne Tiere ist arm. Auf dem Wetzlarer Teppich tummeln sie sich, und im *Paradiesgärtlein* symbolisieren sie das Himmlische und das Teuflische. Das tun sie in unseren vorläufigen und höchst unvollkommenen Paradiesen auf Erden ebenso, Schmetterling und Schnecke, Eichhörnchen und Marder, Igel und Karnickel, Marienkäfer und Lilienhähnchen, Meise und Elster, lauter Gut-Böse-Paare, aber hübsch sind sie allesamt. Im himmlischen Garten müssen sie miteinander auskommen, nicht nur das Lamm mit dem Löwen. Natürlich alle als Vegetarier, was für die Blumen nichts Gutes bedeutet.

Paradiese sind Moden unterworfen, jedenfalls gilt das für die

Versuche, irdische zu erschaffen. Der Streit zwischen formalen und natürlichen Gartenkonzeptionen wurde vor allem im Gartenimperium England erbittert ausgefochten. Der Barock- und Rokokogarten mit seinen vielen architektonischen Elementen, seiner strengen Verspieltheit oder verspielten Strenge, seinen Teppichbeeten und Pflanzenskulpturen kommt im neunzehnten Jahrhundert in Mißkredit und wird als bloßes Kokettieren mit der Natur verunglimpft. Der Gartentheoretiker William Robinson bricht den Stab: Formale Gärten hätten überhaupt nur eine Berechtigung gehabt in Zeiten, wo Wald und Wild das Haus bedrohten. Böse Einjährige und eitle Exoten hätten in unnatürlichen Teppichbeeten den schönen Shakespeareschen und Miltonschen Stauden den Platz weggenommen. Der oberflächliche Flirt mit der Natur sollte dem Respekt vor ihr weichen. Die Streitigkeiten sind in bezug auf die Idee vom Paradies und der Sehnsucht nach ihm interessant und können wahrscheinlich auf Erden nicht endgültig entschieden werden: Wieviel Natur? Wieviel Kultur? Und was ist mit dem Übergang zwischen beidem? Ganz unwissenschaftlich gesehen, finde ich in der Darstellung auf dem Wetzlarer Teppich eine Lösung: Von beidem viel, von beidem nur das Schönste, und an den Rändern lassen wir Wald und Himmel den Vortritt.
Derselbe William Robinson, ein gelernter Gärtner, Publizist und Freund der großen Naturverteidigerin und Gartenrevolutionärin Gertrude Jekyll, sagte, der Entwerfer eines Gartens *solle wie ein Maler vorgehen* und der Garten solle *den Maler zum Malen reizen*. Dafür gibt es unzählige und wunderbare Beispiele, und manche malten sich ihr irdisches Paradies, nachdem sie eins gepflanzt hatten. Den umgekehrten Weg gab es aber auch. Der gemalte Garten hat den Rahmen als Zaun, deswegen sind bei den Impressionisten und bei den

Expressionisten die Gärten oft so schön ungebärdig und platzen aus jedem formalen Konzept. Und immer wieder wird das Paradiesische auf den Prüfstand gestellt: Wieviel Chaos? Wieviel Ordnung? Wieviel Plan? Wieviel Zufall? Liebermanns Garten am Wannsee, Noldes Garten in Seebüll, Monets Giverny – da ist nirgendwo eine endgültige Antwort auf diese Fragen zu finden, sie wurde wahrscheinlich auch gar nicht gesucht. Nur die Zeit wird, grade wie im Paradies, auf den Bildern angehalten und Frühling, Sommer, Herbst oder auch der Winter für uns, die Nachgeborenen, aufgehoben.

Der Garten des Pfarrhauses in Nuenen ist das traurigste Bild von van Gogh unter den vielen traurigen, die er gemalt hat. Als gäbe es nie wieder einen Eingang ins Paradies, als wäre die Welt für immer erstarrt, ganz ohne Hoffnung. In Paradiesgärten wächst zwar immer alles zugleich, aber der Winter muß draußenbleiben.

In den gemalten Garten kann man auch flüchten. Nachdem Emil Nolde zu Beginn des zwanzigsten Jahrhunderts *von den Farben der Blumen unwiderstehlich angezogen* war und glühende Bilder gemalt hatte, hörte er mit diesen Sujets auf, für eine ganze Zeit. Nach dem Malverbot durch die Nazis, das ihn um so fassungsloser machte, weil er mit ihnen durchaus sympathisiert hatte, besann er sich auf das, was ihm geblieben war. In seinen geheimen kleinen Bildern flüchtete er in die Frömmigkeit – und in den Garten.

Und Monet? Er muß ein begnadeter Gartenmacher gewesen sein und einen sehr bereitwilligen Boden vorgefunden haben. Das Grundstück in Giverny war vorher ein Obstgarten gewesen, was zur Anlage eines Paradieses sicher nicht ungeeignet ist. Überall auf der Welt, wo eine Museumswand mit seinen Teichen und Seerosen, Schwertlilien und Wisterien bedeckt ist, kann man hineingehen in dieses Malerparadies, es ist ein großer Ort aus Blau und Grün, und die Museen wissen schon Bescheid und stellen meistens ein Bänkchen für uns Gäste dorthin. Aus Farbe und Leinwand sind die Augenblicke gemacht, die verweilen können, obwohl sie so schön sind, und sie helfen gegen manche Abscheulichkeit. Vom Formalen, Architektonischen und Geordneten sind Monets Seerosengärten weit entfernt, aber immer, wenn ich ihnen begegnet bin, an ihren angestammten Orten oder anderswo unvermittelt als Leihgabe, blieben die Menschen stehen und ließen sich in das Blau und Grün ganz willenlos hineinziehen – vielleicht grade deshalb, weil sie das Paradies als Schönheit des Ineinanderfließens zeigen.

Vor einigen Jahren hatte ich in Madrid zu tun und habe nichts von der Stadt gesehen außer einem Bild, das ich jeden Tag, immer, wenn ich eine oder zwei Stunden Zeit hatte, im Prado besuchte. Mein Ziel war Hieronymus Boschs großes Triptychon *Der Garten der Lüste,* dieser ganz andere, grenzen- und schutzlose Paradiesgarten. Über wenige Kunstwerke ist mehr gerätselt worden als über die drei Teile mit der Erschaffung Evas, dem Garten des Lebens auf dem Mittelstück, wie er ohne Sündenfall hätte werden können, und schließlich der wirklich furchtbaren Hölle auf dem rechten Seitenflügel. Es gibt großartige Interpretationen, Meinungen und Gegenmeinungen. Und es gibt das sichtbare und unbegreifliche Geschehen im Garten Eden und im Garten der Lüste. Die beiden sind Gärten, die Hölle ist keiner. Auf diesem Triptychon des Hieronymus Bosch, über das auch in den nächsten fünfhundert Jahren die Menschen rätseln werden, ist die Hölle aus Lärm gemacht, unter anderem. Musikinstrumente als Folterwerkzeuge, ein erst schockierender, dann einleuchtender Gedanke.

Die beiden Gärten hingegen sind von Wasser dominiert und

haben so merkwürdige Bewohner, daß der Betrachter, an keusche Paradiesgärten gewöhnt, ein anderes Schauen lernen muß. Wahrscheinlich entdeckt man erst nach Jahren wirklich alle Spielarten der Sinnlichkeit, die Bosch auf dem Mittelstück seines Triptychons versammelt hat.
Ich irrte in den ersten Tagen mit den Augen orientierungslos in dem ebenso glücklichen wie obszönen Gewimmel herum, bewunderte die Wesen, die an nichts erinnern, was man je gesehen hat, und die Erklärung, Bosch habe die damals üblichen *bestiaria* abgezeichnet, genügt einfach nicht. Diese Wesen sehen aus, als seien sie gern so, wie sie sind. Und manche Menschenpaare räkeln sich in einer Art Fruchtblase. Und die Erdbeeren sind groß wie Bäume. Und eine schlanke Schwarze hat eine Kirsche auf dem Kopf. In Hunderten sehr wollüstigen Formen tanzt auf dem Bild das Leben. Der Garten als Ort spielt nur eine untergeordnete Rolle. An den Wetzlarer Teppich erinnert die Vermischung von Mensch, Tier und Pflanze, ein großes Wiederzueinanderfinden, das auf unterschiedliche Weise ausgedrückt wird. Auf dem Teppich dominiert eine höfisch sanfte, kultivierte Art der Bewegung, bei Bosch ist es orgiastische Unschuld – oder eine unschuldige Orgie bis an den Jüngsten Tag, mit Geschöpfen, die sich andauernd verwandeln und andauernd Sex haben.
Vielleicht ist das ja der echte Paradiesgarten oder die größtmögliche irdische Annäherung an ihn. Der Kirche gefiel das gar nicht, wie da einer seine eigene Schöpfungsgeschichte samt Negation des Sündenfalls gemalt hat. Ein Garten der Liebe, nicht der Lüste, so haben spätere Exegeten wie Wilhelm Fraenger ihn interpretiert. Jeder kann alles sein und sich mit allem verbinden. Langsam habe ich damals in Madrid gelernt, nicht mehr mit den Blicken in diesem Garten herumzustolpern, sondern sie gemächlich schweben zu las-

sen und mich auch an Figuren zu erinnern, die ich tags zuvor an einer anderen Stelle des Bildes gesehen hatte. Zum Schluß kam es mir so vor, als seien alle Dargestellten, auch diese merkwürdigen Blasenwesen und die Fischigen, das Riesenobst und die geilen Blumen mit den Menschen verwandt und jeder zum Vergnügen des anderen da.

Aber bis es soweit ist, kann man sich noch eine Menge paradiesischer Vorbereitung gönnen, Klostergärten und die aus ihnen hervorgegangenen Bücher zum Beispiel sind da eine ganz wunderbare Möglichkeit.

Das Paradies bedarf gesunder Bewohner, und gesund will man auch bleiben, damit man nicht schneller der himmlischen Freuden teilhaftig wird, als einem lieb ist. Deswegen haben sich Mönche und Nonnen, zu der notwendigen Arbeit fürs tägliche Brot, auch noch um das grundsätzliche Leibeswohl Gedanken gemacht. In allen Teilen Deutschlands sind wiederhergestellte oder über Jahrhunderte gepflegte Klostergärten zu bewundern, und auch ihre säkularen Varianten, die Arzneimittelgärten, zum Beispiel ein ganz neuer im Frankfurter Botanischen Garten, werden viel besucht. Wieder kann man das alte Paradiesthema Ordnung und Chaos, Dunkelheit und Helle, Gut und Böse an Gärten studieren. Was nützt, was schadet? Wieviel von etwas ist nötig, wo ist die Grenze zwischen Segen und Fluch? Über Heilpflanzen und Klostermedizin ist viel geforscht und geschrieben worden, und mit jeder neuen Natur- oder Esoterikwelle taucht das Thema wieder auf. Längst hat sich auch die Pharmaindustrie in die Kräutergevierte der klösterlichen Gärten begeben, um nachzuschauen, was sie mit Beinwell, Herbstzeitlose und Silberdistel anstellen kann. Der erste soll gegen Venenleiden, die zweite gegen Hühneraugen und die dritte gegen Hexenschuß helfen.

Ein sehr spannendes Thema: Was hat es mit den Paradiesen auf sich, die man sich mittels bestimmter Pflanzen schon auf Erden schaffen kann? Ein Weg zur Seligkeit oder in die Hölle? Trauben und Hopfen waren den Mönchen vertraut, Wermut, Kamille und Brechnuß halfen gegen die Folgen, ob aber Engelstrompete, die berühmte Datura, von der es Dutzende von Arten gibt, als Rauschmittel benutzt wurde, wage ich zu bezweifeln, obwohl ich in Klostergärten schon prachtvolle alte Exemplare gesehen habe. Über klösterlichen Hanfgebrauch ist mir, außer zur Herstellung von Stricken, nichts bekannt. Bei Jugendlichen ist die Datura mittlerweile gefährlich beliebt, als Tee, der leicht der letzte sein kann. Aber der Segen in Klostergärten überwog und überwiegt bei weitem die Gefahren, und es lohnt sich, die Autobahn zu verlassen, wenn irgendwo ein Kloster mit Garten anzuschauen ist.

In einem Garten, den der Greis Valerius mir geschenkt hatte, erzählt der heilige Augustinus, *versammelte ich Brüder, die mir an guten Vorsätzen gleich waren, die nichts besaßen, wie ich nichts besaß, und die mich nachahmten* – in einem Garten, der so zum Klostergarten, zum Lehrgarten wurde. Da schließt sich sachte der paradiesische Kreis, denn Augustinus tut nichts anderes, als uns die Fortsetzung der Tradition antiker Philosophengärten zu erzählen. Sie sind das unausgesprochene Vorbild für den *hortus conclusus* als Schutzraum, Schönheitsspender, Nahrungs- und Medizinlieferant. Im Orient scharten sich Mönche um bepflanzte Innenhöfe, und Buddha sammelte seine Gläubigen im Garten um sich. Alles Paradiesvorhöfe vor dem einen, dem ersten und letzten, dem endgültigen.

Klostergärten sind oft barock angelegt, mit verschiedenen, von niedrigen Buchshecken abgegrenzten Bereichen, friedliche und nützliche Warteräume. Paradiesisch zu sein ist nicht

ihre Aufgabe, eher, sich ohne Angst auf den Weg hinüber vorbereiten zu können und dabei Arbeit und Ruhe so im Gleichgewicht zu halten wie Schönheit und Nützlichkeit.
In mittelalterlichen und barocken Kräuterbüchern findet man immer wieder Versuche, Leben zusammenzufassen, Pflanze, Tier und Mensch – als hätten die Welterkunder damals dem Schöpfer voll Respekt und Wißbegier Vorschläge machen wollen, wie seine Geschöpfe miteinander zu versöhnen seien. Vielleicht hielten sie das für eine Möglichkeit, uns aufs Paradies vorzubereiten. Die Alraunen, die wundertätigen und mit Menschenstimmen ausgestatteten Wurzelwesen, sind das bekannteste Beispiel. Auch sie sind gut und böse zugleich, können reich, weise und glücklich machen, aber auch töten, und sie heißen Erdmännchen, Galgenmännlein, Wurzelknecht, Teufelsapfel, Pissedieb, Armesünderblume, Henkerswurzel, Hundsapfel und letztlich doch: Liebesapfel.
Im Anholter-Moyländer Kräuterbuch, entstanden um 1470, das in der Bibliothek von Schloß Anholt aufbewahrt wird, wachsen Pflanzen aus einem Elefanten, und daß es den Boramez gibt, aus dem ein Lamm wächst, *es hat ein Fleischlein wie ein Krebs, das hat ein Farb wie ein Rubin oder roter Pfirsich und einen Geruch, der sich beides den Melonen oder Pomeranzen vergleicht,* wußte schon Grimmelshausen.
In *Thorbeckes magischem Kräutergarten* ist ein Bild dieser wahrhaft paradiesischen Pflanze zu sehen, wie das Lamm Gottes wächst das Schäfchen als Blüte auf einem Stiel mit paarigen lanzettfömigen Blättern.
Eigentlich sehen Paradiesgärten aus wie unser Garten daheim, nur schöner natürlich. Nichts verwelkt oder stirbt in ihnen, aber alles kann seine Gestalt verwandeln, deswegen wird es dort nie langweilig. Bis alle Spielarten und Seinsformen des Lebens und der Liebe erkundet sind, dauert es eine Ewigkeit.

Die Gartengräfin

»Eine Laube statt der Bühne, / Sommersonne statt der Lampen. / Also spielen wir Theater, / Spielen unsre eignen Stücke«
Hugo von Hofmannsthal

Sie war ihr Garten, sie war ganz und gar ihr Garten, sie hatte sich ihn untertan gemacht und war ihm gleichzeitig verfallen. Alles wurde von ihr so lang bedacht, geplant, verworfen, verwirklicht, wieder verworfen, bis es ihrem Gartenbild entsprach. Manchmal war das komisch, zum Beispiel bei dem weißen Blumenstrom, den ihr eine berühmte Gartenarchitektin eingeredet hatte – ein breites, fünfzig Meter langes Riesenbeet, auf dem es weiß wogen sollte, allerlei Weiß, wegen des Wogens wahrscheinlich viel Gypsophylla, Schleierkraut. Als ich hinkam, um das Wogen anzuschauen, war es schon weg. Gypsophylla ist ein zickiges Zeug, wenn es nicht mag, mag es nicht, und es verrät leider nicht, was ihm nun eigentlich nicht paßt. Der Graf hatte seiner Frau tröstend angeboten, mit dem Bulldozer drüber zu fahren und der kläglichen Pracht ein Ende zu machen. Eine Fehlplanung also. Aber eine Gärtnerin wie sie, die Gartengräfin, muß groß denken, und das tat sie bis zum Schluß. Und sie ließ alles in ihren Garten hineinwachsen, Poesie, Religion, Philosophie und auch ein wenig Misanthropie. Ein Körnchen davon liegt, glaube ich, im Wesen aller leidenschaftlichen Gärtner.
Sie war um die siebzig, als ich sie kennenlernte, sehr schlank und ungeheuer elegant. Auch in Jeans und Gummistiefeln sah sie wie eine Million Dollar aus. Ich habe sie, bis die Krankheit sichtbar wurde, nie anders als mit perfekt sitzenden Haaren gesehen, jene sündhaft teure Verwuscheltheit,

die nicht aussieht wie vom Friseur – der in solchen Fällen Coiffeur heißt –, sondern wie vom lieben Gott. Mein Glück war, daß sie etwas von mir wollte. Sonst hätte ich mich vor ihr gefürchtet, vor ihrer scharfen Zunge, ihrem unbarmherzigen Blick, vor dieser aristokratischen Aura, die ich ebenso spannend wie sonderbar fand. So aber, mit ihrer Bitte, etwas für sie zu schreiben, war ich auf sicherem Terrain, niemand wagte mir zu verübeln, daß ich die falschen Schuhe trug, und ich lernte eine der witzigsten und schönheitssüchtigsten Frauen kennen, die ich je getroffen habe. Und eben eine ganz große Gärtnerin.

Aus vielen ihrer Geschichten ging hervor, daß unsichtbar unter ihrem Garten ein anderer lag, ihr Kindheitsgarten. Den versuchte sie immer wieder hervorzuholen, und manchmal gelang es ihr wohl.

Zuerst zeigte sie mir die Gärtnerei, das Herzstück. Ein Garten dieser Größenordnung muß seine Keimzelle in sich haben: eine eigene Gärtnerei. Ich habe eine wie ihre damals zum erstenmal gesehen und begriff sofort: Das ist eine Kampfansage an die Massenproduktion von Pflanzen, und es ist Voraussetzung für eine eigene gestalterische Handschrift. Sie hatte diese Gärtnerei aus dem Schutt gekratzt, in den man sie jahrzehntelang hatte sinken lassen. Voll Begeisterung wies sie mich auf die alten Einfassungen der Beete hin, die Glashäuser und die Ansammlung ihrer Lieblingsblumen, alles gleichsam geadelte Bauernblumen. Überall blühte es so verrückt, als wolle sich der vergessene Ort dankbar für seine Wiedererweckung zeigen. Sie zog auch Erdbeeren, Tomaten und allerlei Kraut. Heutzutage ist eine eigene Gärtnerei das Gegenteil von Sparsamkeit – ein ungeheurer Luxus. Für sie war es eine Erinnerung an ihre Kindheit im Krieg, als die Gärtnerei die einzige verläßliche Nahrungsquelle war. In einem kleinen Text darüber verwendet sie dreimal das Wort Paradies.

Sie freute sich über meine Begeisterung. Sie schien sich nicht immer verstanden zu fühlen, auch diese leise Melancholie teilte sie mit vielen großen Gärtnern. Es ist ja auch wahr: Keiner sieht wirklich, was einen Garten ausmacht, welche Kämpfe in ihm vergraben sind und wieviel Enttäuschungen, Hoffnungen und neue Enttäuschungen ihn gedüngt haben. Bei ihr spielte auch die Sache mit der Unsterblichkeit eine große Rolle.

Wie wenig bleibt am Ende von jedem Menschen? Und wie wenig ahnt man von diesem Wenigen, das sogar sichtbar ist und Bestand hat? Und selbst von demjenigen, das bleibt, überdauert nur ein winziger Teil in der Erinnerung. Das Gedächtnis des einzelnen läßt sich nicht übertragen. Alles, was uns begeistert oder schmerzt, macht sich nur für einen kurzen Augenblick bemerkbar, danach verliert es sich.

Das schrieb sie als Vorbemerkung zu ihrem Text über *Das Gräfliche Haus und seine Bewohner. Eine persönliche Geschichte.* Und man könnte aus ihren Worten schließen, sie sei mit diesem Lauf der Dinge einverstanden gewesen. Aber das war ganz und gar nicht der Fall, man beachte die Fragezeichen hinter ihren Sätzen. Diese Fragezeichen heißen: Könnte es nicht doch ganz anders kommen? Kann ich nicht der schrecklichen Lethe, dem Fluß des Vergessens, entrinnen? Dafür machte sie das große, mehr als opulente Driburg-Buch, und dafür machte sie natürlich vor allem den Garten.

Gesellschaftlich blieb ihr im Grunde nichts zu wünschen übrig. Das gräfliche Paar war zu fast allen royalen Familienereignissen eingeladen und empfing im »Haus« – das ausdrücklich nicht Schloß genannt wurde – königliche Gäste. Sie hatten zwei Kinder, einen westfälisch-aristokratischen

Freundeskreis und eine Menge Termine. Ihr Betrieb – das Kurbad – sorgte dafür, daß den soliden Glanz auf diesem Leben auch simplere Augen sehen konnten. Dafür war der Garten mit seinen verschiedenen Bereichen eine Art Regisseur. Er schützte das Private ebenso, wie er die öffentlichen Räume verzauberte. Das zu inszenieren gelang der Gartengräfin jedes Jahr neu und anders. Und doch war etwas Ungeduldiges und Trauriges um sie. Manchmal auch jene Grausamkeit, die nach Vita Sackville-West einen wirklichen Gärtner ausmacht. Wenn etwas nicht so wurde, wie sie es sich vorgestellt hatte, gab sie sich nicht damit zufrieden. Sie hätte zum Beispiel niemals so wie ich hingenommen, wenn der Rittersporn für sie nur Gartenzwerggröße übriggehabt hätte. Ich freue mich, wenn überhaupt einer kommt, auch wenn es nur ein Ritterspornwichtel ist. Sie hätte sie rausgerissen. Aber für sie ließen die Delphinia natürlich alle Blautöne mit langen Fackeln leuchten. Oder die Sache mit der Sumpfzypresse: ein wunderbares Baumindividuum, schief, krumm, übers Wasser gebeugt wie eine alte Frau. Ich versuchte, ihr Leben zu retten. Es gelang mir nicht. Sie störte die Sicht.

Auf dem großen alten Tisch im Entree standen immer Sträuße, die unablässig nach einem Maler oder wenigstens einem Photographen zu verlangen schienen. Und immer wartete die Gartengräfin genau den richtigen Moment der Schönheit des Vergehens ab, bevor sie die Blumen wechselte. Den Blumen wurde das Älterwerden erlaubt, jedenfalls der ansehnliche Teil davon. Abgefallene Rosenblätter auf einer dunklen Tischplatte sind unwiderstehlich. Das mit dem Werden und Vergehen und das mit der verdammten Spurlosigkeit schien sie umzutreiben, nicht nur, weil sie schon wußte, daß sie krank war. Aber das war noch ein paar Jahreszeiten lang kein Thema, und ich bewunderte, wie sie ihre öffentlichen Kurgärten in Szene

setzte, ohne auf Stiefmütterchen und Begonien zu verzichten. Bei ihr sahen die aber ganz anders aus als die bunten Muster in normalen Kurparks. Nach einer bestimmten Farbe – einem tiefen, fast schokoladigen Violett – suchte sie so lang, bis sie es bei irgendeinem entlegenen holländischen Händler auftrieb. Dann pflanzte sie diese dunklen Stiefmütterchen ganz dicht unter langstielige blaßrosa Tulpen wie einen Teppich mit tausend Gesichtern. In den Kuranlagen wurden Pflänzchen und Zwiebeln betont üppig gesetzt, nicht in der sonst üblichen Klecksbepflanzung. Über pyramidenförmige Rankgitter hatten sich Kaskaden von Morning Glories geworfen, jeden Tag gingen unzählige neue auf, seltsamerweise waren das ihre und meine Lieblingsblumen. Jede Blüte ist nur einen Tag lang schön, doch es kommen unermüdlich neue. Soweit ich sehen konnte, erlaubte sie in ihren öffentlich zugänglichen Gartenanlagen die Vergänglichkeit nicht, und der Frühling mußte, wie so oft in Publikumsanlagen, dem Sommer weichen, schon lange bevor er wirklich verblüht war.
Ihr privater Garten, rund um die große Terrasse an der Rückseite des »Hauses«, erstaunte mich am Anfang. Die Gartengräfin war süchtig nach Designern und fremden, auswärtigen Beratern, das schien mir sonderbar. Schon die danebengegangene weiße Woge war eine solcherart hereingetragene Idee gewesen, und auch ihr privater Garten war, ein Geschenk ihres Mannes, von einer britischen Gartenmeisterin entworfen worden.
Das hättest du doch selbst gekonnt, sagte ich.
Nicht so, sagte sie.
Doch, sagte ich. Wenn du es so hättest haben wollen, hättest du es auch genau so machen können.
Aber wenn sie es macht, antwortete die Gartengräfin, traut sich niemand, es nicht großartig zu finden.

Aha, sagte ich.
Du hast eben keine Ahnung, antwortete sie und lachte.
Die für sie entworfene Anlage paßte gut zur Gartengräfin, denn sie war von höchst artifizieller Natürlichkeit. Keine kompakten, auftrumpfenden Pflanzen, sondern vielerlei Stauden in matten Gelb-, Weiß- und Blautönen, alle filigran und von jedem Windhauch bewegt. Viele Gräser, die das Geheimnis schöner Gärten sind. Gräser bringen einen Garten zum Tanzen, sie irritieren die Blicke und halten sie in Bewegung. Die Gartengräfin hatte sich da auf sehr künstlerische Art ein Stück Bergwiese, einen Felsengarten, etwas scheinbar Zufälliges erschaffen lassen, und das vor dem Hintergrund der weiten Wiesen und alten Bäume des Parks. Sehr raffiniert. Mir leuchtete es sofort ein, und vielleicht hatte sie recht: Hätte sie das selber für sich so gemacht, wären bei manchen rosen- und rhododendrongeeichten Nachbarinnen die Augenbrauen pikiert nach oben gegangen. Ich war oft genug Zeugin von erbarmungslosen Gartenhinrichtungen in Kennerkreisen gewesen, ich konnte mir vorstellen, was so ein Meisterwerk aus Schafgarben und Zistrosen, Grasbüscheln und Salbei ausgelöst hätte. Aber so war es eine Kreation, britisch und teuer. Da hielt man lieber den Mund.
Rechts und links auf der Terrasse standen als aristokratische Gegenpole riesige Kübel mit Agapanthus. Vielleicht scheinen mir die blauen Blütenkugeln deswegen so königlich, weil sie ein bißchen wie Zepter aussehen, das trifft auch auf Allium zu, das in imperialen Gärten oft gepflanzt wird.
Ihr Garten war also sehr gelungen, aber machte er sie glücklich? Das war nicht leicht zu sagen, weil sie immer ganz Haltung, ganz ironische Distanz war, und ihre kalkulierten Ausbrüche von Leidenschaft oder Anarchie, die durchaus vorkamen, selten waren. Und unvorhersehbar. Sie konnte

sich enthusiastisch in irgendein Buch werfen oder ein Bild, sie konnte über die Form eines Ziergitters oder einen falsch gepflanzten Baum völlig aus dem Häuschen geraten. Törichte Menschen gingen ihr besser aus dem Weg, und sie sorgte dafür, daß denen das auch klar war. Wenn sie Torheit in ihren eigenen Kreisen fand – um so besser! Sie hätte die intelligenteste Klatschkolumnistin sein können, die es je gegeben hat. Aber das war gesellschaftlich undenkbar. Und so konnte man ihre Widerborstigkeit an ihren Gartenideen ablesen, wenn man wollte – auf die Gefahr hin, manches überzuinterpretieren. Mir fiel jedenfalls auf, daß sie die frivolen, grazilen, beweglichen Pflanzen mehr schätzte als die monumentalen. Repräsentation um ihrer selbst willen erboste sie, und sie konnte dergleichen wunderbar parodieren. Außerhalb ihrer Gärten – denn es waren ja mehrere, wenn auch zusammenhängende – war sie von größter Ungeduld, die keinem Eklat aus dem Weg ging. Im Garten, allein mit Bäumen und Blumen, Rabatten und Rosen, war sie still und zärtlich, in ihren letzten Jahren immer mehr. Nichts entging ihren Blicken, nicht das kleinste Blatt, nicht die versteckteste Blüte.

Schon lang versorgte sie ihren Garten mit Sinn, auch mit Geschichte. Das hatte nichts mit Dekoration zu tun. Wenn bei ihr eine Sonnenuhr an besonderer Stelle Platz nahm, sollte man über den Lauf der Zeit nachdenken, und die kleine Kapelle, die sie errichten ließ, sollte nicht nur ein Blick-, sondern vor allem ein Seelenfang sein. Ihr Park war ja vor allem für Heilungsuchende offen, und die Gartengräfin, eine unnachsichtige Protestantin, war sicher, daß Krankheit und Gebet untrennbar miteinander verbunden sein sollten. Die Kapelle, ein schmucklos heiteres Besinnungshäuschen, sah schön aus. Die Gräfin wußte Spiritualität und Ästhetik zu

vereinen. Als ich ihr sagte, da sei doch ein katholisches Eckchen in ihrer Seele, war sie empört, aber nicht lang.
Sie verschaffte auch der Poesie, die im Driburger Park für eine kurze und wichtige Zeit zu Besuch gewesen war, einen Erinnerungsplatz. Hölderlin hatte dort 1796 ein paar Wochen, vielleicht die einzigen glücklichen, mit seiner Diotima, Susette Gontard, verbracht. Die Geschichte des Paares ist oft erzählt worden, wir wollen hier nur ihren Spuren im Park folgen, den Spuren und Zeichen, die die Gartengräfin ihnen widmete. Das war ein größeres Unternehmen, viele Menschen machten mit, schlugen vor, verwarfen, die Sache ging bis nach Frankfurt, wo die einzige Darstellung Susette Gontards, ein grade mal faustgroßes Köpfchen des Bildhauers Landolin Ohmacht, im Museum steht. Aber irgendwann war alles gut, und mit viel Freundeshilfe haben die beiden, Hölderlin und Susette Gontard, in den Driburger Park zurückgefunden. Von einem Inselchen im See schaut sie als schön vergrößerte Kopie von einer Stele aus hinüber zum Hölderlinhain, dessen Hauptelemente, wie es sich gehört, Wörter sind, Zitate auf Tafeln. Die Bepflanzung des Inselchens wurde mit einem Ernst erörtert, als handle es sich um die Urbarmachung eines neuen Erdteils.
Es sieht aus wie Salat, sagte die Gräfin. Aber es ist historisch. Die Hommage an das unglückliche Paar war eine ihrer letzten großen Gartentaten. Ob sie es wußte? Ich bin nicht sicher. Aber daß sie diese ganze Hölderlin-Susette-Wirtschaft eigentlich nicht wirklich gutgeheißen hat, glaube ich ganz fest. Sie liebte zwar das Chaos – sonst wäre das Leben ja langweilig –, aber sie billigte es nicht. Und in vielen nur scheinbar fachlich-sachlichen Gartengesprächen begriff ich, daß genau das immer wieder die Ausweglosigkeit des Gärtners ist. Jedenfalls des Gärtners, der seinem Garten ein eigenes Leben,

einen eigenen Rhythmus, Individualität zubilligt. Es ist im Prinzip gleichgültig, ob es sich um hundert oder um zehntausend Quadratmeter handelt. Wohin will der Garten, wenn ich ihn lasse? Wald oder Steppe? Und in welche Richtung läßt er sich von mir lenken? Wieviel Gewalt muß ich ihm antun?

Natürlich war die Gartengräfin viel befehlsgewohnter, als ich es je sein werde. Das bekamen auch Garten und Park zu spüren, sie sind ja die Reiche, in denen Frauen unangefochten herrschen dürfen. Das war schon früher so, vielleicht lassen Frauen sich deswegen so bereitwillig hinter Hecken und Zäunen nieder und toben sich dort aus.

Auch sie liebte Begrenzungen, vor allem Festons. Ich hätte, bevor ich sie kannte, niemals für möglich gehalten, daß ich mich stundenlang über Form und Anordnung kleiner Säulchen mit Ketten dazwischen, die dazu da sind, weiten Rasenflächen eine Form zu geben, unterhalten könnte. Ich irrte mich. Festons sind insofern ein wunderbares Thema, weil man weiß, man wird in seinem eigenen Garten dergleichen nie unterbringen können. Festons am Rand von fünfzig Quadratmetern wären albern. Es ging mir mit dieser Art der Gartenzierde und -ordnung wie mit Geschichten über Models oder Filmstars: Man wird das nie, darf aber eine Meinung haben. Ob man nun Schmiedeeisen mit klassizistischen Elementen oder schlichte Formen bevorzugt, dünnere oder dickere Ketten, runde oder eckige Glieder, in welchem Schwung und wie hoch sollen sie hängen, und die Hauptfrage – bewachsen lassen oder nicht? Keine Frage mehr, wenn man einmal die roten Herbstgirlanden des Wilden Weins eine sanft durchhängende Eisenkette hat entlang klettern sehen. Erst nach und nach begriff ich, was die Gartengräfin eigentlich im Sinn hatte: ein Vermächtnis, aber kein lastendes, sondern eine in den Gartenanlagen aufgehobene Erinnerungssammlung gegen ihr eigenes Verdikt über die Vergänglichkeit. Zitate aus vergangenen Zeiten vermischt mit Vorlieben des eigenen Lebens, Vorschläge, wie das Schöne zugänglich zu machen sei, Pointen und Pathos gleichermaßen. Vielleicht hat sie sich das so nicht vorgenommen, aber sie arbeitete bis zum Schluß daran.

Es gab in ihrem Leben noch einen anderen, weit entfernten Garten, den sie sehr zu lieben schien, der sie aber nicht so beanspruchte und beschäftigte wie der Driburger. Oft sprach sie von diesem Garten in Florida wie von einem reichen, sorglosen Verwandten, dem alles von allein zufällt.

Du gehst einfach raus und pflückst deine eigenen Pampelmusen zum Frühstück.

Ich ergriff sofort Partei gegen den amerikanischen Garten, den ich gar nicht kannte.

Und hier pflückst du deine eigenen Erdbeeren oder Tomaten, wenn du willst, sagte ich.

Das ist nicht zu vergleichen, sagte sie.

Aus Amerika brachte sie die merkwürdigsten Geschichten mit, sie, die einzige Ungeliftete unter all den glattgebügelten Societydamen. Sie war dennoch oder grade deswegen die Schönste. Mit Sicherheit wußte sie das. Ob ihr das Leben in den schwülen Paradiesen Floridas wirklich gefiel? Ich weiß es nicht. Ich weiß auch nicht, ob ihr das Leben überhaupt gefiel, ich weiß nur, daß sie leidenschaftlich daran hing. Als sie Jahre zuvor die Diagnose bekommen hatte, erzählte sie mir, sei sie als erstes in den Wald gelaufen und hätte laut geschrien, immer und immer wieder.

Im Oktober wollte sie mir das im Frühling neu angepflanzte Apfelspalier zeigen. Wir fuhren zur Gärtnerei, sie hatte sich ausstaffiert wie eine Gärtnerin-Darstellerin, mit Hut, Stie-

feln, Weidenkörbchen und Knipser. Die Apfelbäumchen waren angetreten wie eine kleine Leibgarde, strammstehend mit leuchtend roten Apfelbacken, obwohl sie so jung waren, trugen sie schon ordentlich. Ich hatte sie im Frühjahr blühend gesehen, brav und hübsch wie Kommunionkinder.
Die Gartengräfin ging sehr langsam von Bäumchen zu Bäumchen, die hielten ihr die Äpfel hin, ganz willig. Jeden Apfel schaute sie genau an und legte ihn dann in den Korb. Ich mußte an meine Mutter denken mit ihren Aprikosen. Das Geschaffene, das zum Wachsen und Reifwerden Gebrachte, was für eine Bedeutung bekam das plötzlich.
Laß mich doch auch mal einen abmachen, sagte ich.
Aber nur einen, antwortete sie nach kurzem Zögern.
Der Korb wurde später auf den großen Tisch im Entree gestellt, wie eine Trophäe, herbstlicher Überfluß. Ich weiß nicht mehr, ob sich jemand getraut hat, diese Äpfel zu essen.
Im Herbst waren ihr Garten und der Park natürlich ein Feuerwerk, eine Farbenorgie. Der Strauß auf dem Entreetisch zeigte alle Farben der Jahreszeit auf einmal, Rot, Orange, Gold, Braun und das letzte leuchtende Grün.
Wahrscheinlich sterben große Gärtnerinnen immer im Winter. Auch sie tat das, wie meine Mutter, nachdem alles für das nächste Jahr vorbereitet war. Am Tag ihrer höchst feierlichen Beerdigung fiel vom frühen Morgen an Schnee, und er fiel bis in die Nacht, man konnte die Wege nicht mehr von den Wiesen unterscheiden, und auch die Beete waren verschwunden. Bäume und Büsche waren dick ins Weiß verpackt, und auf allen Bänken lagen Schneeplumeaus. Zeit der Ruhe für die Gärten und für ihre Gärtnerinnen auch.

Gärtner der vier Jahreszeiten

»So Tag um Tag, bei Regen, Sturm und Wetter. / Und alles nur um die paar Lorbeerblätter.« Mascha Kaléko

Es gibt vier Jahreszeiten, aber man muß sie als Gärtner anders einteilen. Und es gibt vier Temperamente. Die haben natürlich eine Menge Unterarten, genau wie die Jahreszeiten – sie zeigen sich oft in merkwürdigen Mischformen. Und doch lassen sich Gesetzmäßigkeiten herausfinden.

Der Herbstwinter fängt im Oktober an und hört im Dezember auf, und er gehört den melancholischen Gärtnerinnen und Gärtnern. Was ist aus unseren Plänen geworden? fragen sie sich beim frühmorgendlichen Gang durch den Garten. Noch ist er stark geschminkt und gibt mit wilden Farben an, aber daß drunter Kahlheit sitzt, wissen wir doch. Das Töten kommt jetzt unaufhaltsam näher, nicht das Sterben. Sterben ist, wie wir wissen, nur etwas Vorläufiges, daß es weitergehen wird, zeigen die Knospen, die an jedem Baum, an jedem Strauch und am Fuß vieler Blumen fest verpackt auf später warten. Nein, Sterben ist keine Gärtnerangst, auch nicht bei den Melancholikern – aber vor dem Töten fürchtet sich der gefühlvolle Gärtner.

Der marode Baum da soll weg, die Hecke hat die Räude, und die in jedem Stadtgarten massenweise herumtanzenden Herbstanemonen sind bei uns nichts geworden. Also raus damit, keine Sentimentalitäten. Das ist furchtbar schwer. Der entschlossene und traurige Blick trifft auf ein paar mitgeschleppte Sozialfälle, die sich ängstlich in ihre Töpfe zu dukken scheinen. Die arme Verwandtschaft, die sich auf ihrem Gartenplatz häuslich eingerichtet hat, bangt um ihr Leben, und das zu Recht. Sie hatten ihre Chance, sich zu integrieren, diese mitgebrachten, aus dem Supermarkt geretteten oder auf andere Weise zugelaufenen Gewächse. Aber da steht die besenähnliche Azalee und die erbleichte Hortensie, und in einer Gartenecke haben sich die Industrieprimeln, die unsere mitleidige Seele nicht hat auf dem Kompost verrecken lassen wollen, allesamt in ein grauenhaftes Fahlviolett verwandelt. Den Sommer über haben wir es ihnen nachgesehen. Aber wollen wir das nächste Frühjahr wieder mit einer Farbe begrüßen, die an verwaschenes altes Bettzeug erinnert? Niemals. Weg mit ihnen.

Es sieht allerdings so aus, als sei das Primellaub besonders üppig geworden, könnte es vielleicht sein, daß sie im nächsten Jahr gelb werden, wie der liebe Gott sie doch einst gewollt hat? Und daß diese Sargausstattungsfarbe, dieses kranke Lila, nur ein Übergang war, von der Industrie zurück zur Natur? Man sieht, der melancholische Gärtner im Herbstwinter neigt dazu, an kleine Dinge viel zu große Gedanken zu verschwenden. Es nützt auch nichts, sich mit Vita Sackville-West mental zu stählen: Der Gärtner muß grausam sein. Ja, ja. Wenn nur das Töten nicht so schwer wäre, wenn es nur der Neugier, jener lebendigsten aller gärtnerischen Kräfte, nicht so entgegenstünde. Was nämlich gehäckselt, geschreddert oder in die braune Tonne gewandert ist, ist verloren und wird uns nichts mehr erzählen. Jeder hat schon erlebt, daß ein armseliger Pflanzentropf unter sachkundiger Pflege prachtvoll aufblühte. Um ehrlich zu sein, man hat dergleichen eher berichtet bekommen, als selbst erlebt, aber daß ein trockener Strunk unversehens ergrünte, haben wir selbst schon zustande gebracht. Mehr als ergrünt ist das Gewächs dann allerdings nicht, und so steht es immer noch hinten im Garten und säuft unser teures Wasser. Aber es ist ein Ver-

sprechen – und wenn wir das jetzt wegschmeißen, werden wir nie erfahren, ob es eingelöst wird.
Es ist November geworden, und man hat mal wieder einige unter dem Schafott rausgezogen und ihre Hinrichtung aufgeschoben. Leider. Blätter, Blätter, Blätter, Tonnen und Tonnen von raschelnden Blättern, das Kehren ist eine sehr melancholische Freude. Der marode Baum ist aber dran, und der stachelbeerlose Stachelbeerstrauch und diese Malve, die seit zwanzig Jahren blütenlos geblieben ist, und die Schneeforsythie, die damals sechzig Mark gekostet hat und eine ganz ordinäre Forsythie war, die schütter gelb und nicht weißrosa geblüht hat, wenn überhaupt – ihr seid fällig, und zwar jetzt. Längst hat sich der Garten die grellen Farben vom Gesicht gewischt und zeigt sich faltig und nackt. Manchmal hüllen ihn morgens Nebelschwaden ein, die vom Taunus heruntergekrochen sind, dann ist er bezaubernd. Der Nebel haucht winzige Glitzertropfen auf übriggebliebene Rosenblüten, die manchmal bis Weihnachten aushalten. Längst haben sich die Fische verzogen, die Krebsschere ist abgetaucht, sie hatte in diesem Jahr drei Ableger.
Richtige Gärtnerinnen und Gärtner sitzen jetzt mit Stauden-, Rosen- und Baumschulkatalogen bei selbstgemachtem Brombeerwein am Kamin und planen. Das machen sie bis kurz vor Weihnachten, dann fahren sie in den Wald und schlagen ein Tännlein. Vorher haben sie noch Barbarazweige geschnitten. Melancholisch sind sie nicht, weil ihnen die herbstwinterlichen Abschiede nichts ausmachen. Sie haben zum Töten ein pragmatisches Verhältnis, was sich der melancholische Gärtner jedes Jahr von neuem mit Gewalt anerziehen muß. Man sieht es ja ein: Und doch, und doch: dieser elende geerbte Russische Wein, der vor Jahren von der längst gestorbenen Freundin zum Einzug mitgebrachte und seitdem verabscheu-

te, dennoch liebevoll gehegte und durchgefütterte Weihnachtskaktus – das sind doch Stücke von denen, Lebensstükke. Warum solche Memorabilia immer scheußlich sein müssen, ist ein Rätsel. Und da, die Eibe hat X. für uns gepflanzt, er hat sie von einem Waldspaziergang mitgebracht, und sie war nur ein Wichtel. Jetzt ist sie ein düsterer Riese, aber man kann sie doch nicht exekutieren. Ohne sie dächten wir längst nicht mehr an X., so aber jeden Tag, wenn auch ein bißchen unfreundlich.

Und so wird es endlich Dezember, die Melancholie bläht sich noch einmal mächtig auf, und zu Weihnachten kriegen wir von jemandem, der uns offenbar nicht gut kennt, eine Orchidee geschenkt. Mal sehen, wie lang wir es mit ihr aushalten müssen.

Der Winterfrühling, Januar, Februar und März, ist die Zeit der Phlegmatiker. Denn Phlegmatiker sind die einzigen, die die Langsamkeit nicht erst entdecken müssen. Deswegen fühlen sie sich in dieser scheinbar unbeweglichen Jahreszeit wohl. Man weiß, wieviel sich in ihr tut, überall fängt was an und arbeitet vor sich hin, unter der Erde, unter der Rinde, in den Zwiebeln, es räkelt sich und dehnt sich aus, aber sehen tut man erst mal gar nichts. Vor allem, wenn Schnee liegt oder wenn es stark gefroren hat, scheint nichts voranzugehen. Phlegmatiker haben die schöne Gabe, sich an der Bewegungslosigkeit freuen zu können. Sie schauen ruhevoll auf die Szenerie ihres Gartens, erinnern sich an manches, vielleicht keimt in ihnen ein Gedanke auf – dorthin könnte man eigentlich einen Säulenapfel setzen –, dann verabschiedet sich der Gedanke wieder, und zurück bleibt eine ruhige weiße oder dunkle Fläche. Phlegmatische Gärtner haben vorgesorgt und winterblühende Gewächse gesetzt. Hamamelis, Seidelbast und Helleborus, die scheren sich nicht um den Frost und tupfen Farbe in den Winter. Arbeit machen sie keine, sie sind auch nicht besonders anspruchsvoll. Je nach Wetter wacht dann der Garten auf, und immer noch geschieht alles ohne Zutun, höchstens, daß man den Schneeglöckchen ein paar nasse, faule Blätter vom Kopf klaubt, damit man sie besser sehen kann. Januar und Februar sind reine Beobachtungszeit, mit dem geschärften Blick der Winterruhe sehen wir all das kleine Zeug, wie es sich durch den Boden kämpft und triumphiert. Wenn es sehr kalt wird, legen sich die Schneeglöckchen schlapp auf die Erde, kaum scheint ein bißchen Sonne, stehen sie wieder grade und läuten. Es gibt ziemlich viele Sorten von ihnen, das längste je in meinem Garten gemessene war fünfundvierzig Zentimeter hoch und hatte sich durch eine Buchshecke gearbeitet, aber es hatte noch längst nicht aufgegeben, nachdem das Gestrüpp durchstoßen war, sondern war noch mindestens eine Handbreit weitergewachsen, bis sein kleiner weißer Kopf frei und hoch über der dunklen Hecke schwebte.

Weil er sowieso nichts daran ändern kann, freut sich der phlegmatische Gärtner auch über die neuen Terrains, die das verdammte Scharbockskraut eingenommen hat, fürs erste mit unschuldigen runden Blättchen. Und früher Krokus ist da, und Narzissennasen kommen, immer wieder staunt man, was sich da alles angesammelt hat. Tun kann man eigentlich noch immer nicht viel, außer ab und zu altes Zeug wegschaffen, Blätter und vom Wind ausgekämmte dürre Zweige, hier ein bißchen lockern, da vielleicht was wegschneiden. Alles ist noch licht und durchsichtig, da kann man Strukturen besser erkennen, der Ast verdeckt die Sonne, also weg mit ihm. Noch tut es dem Baum nicht weh, denken wir, aber was weiß man schon.

Wo kommen plötzlich die vielen Vögel her? Man hat jede

Menge Zeit, ihnen zuzuhören und sich mit Opernglas und Vogelbestimmungsbuch bewaffnet lächerlich zu machen. Die morgendliche Dunkelheit verliert langsam das Düstere und wird blauer.
Im März schaut der Phlegmatiker auf seinen Rasen und sieht hauptsächlich Moos und Gänseblümchen. Jetzt spätestens ahnt er, daß sein ruhevolles Temperament dem Garten nicht mehr gewachsen sein wird, sondern daß ganz andere Eigenschaften gefragt sind, denn ab März muß immer alles gleichzeitig passieren. Kontemplation ist nicht mehr möglich, und Vogelgesang wird höchstens noch als Begleitmusik wahrgenommen. Es ist jedes Jahr das gleiche: Die unschuldige Freude am Aufwachen des Gartens wird von Hektik abgelöst. Wenn man das nicht mitmacht, gehört man nicht zur Gemeinde. Gartenbesitzer neigen zum Missionieren, und ab März sind sie ja alle wieder draußen. Vorher war man vor Ratschlägen geschützt, aber jetzt sind die Sanguiniker dran, extrovertiert wie sie sind, und lassen einen nicht mehr in Ruhe. April, Mai und Juni, der Frühlingssommer, gehört ihnen. Als naiver und sentimentalischer Gartenmensch wird man sich unter einem Hagel von Ratschlägen und Verachtung ducken, denn es ist für alles deutlich zu spät.
Was, Sie haben keine Einjährigen gesät? Sie kaufen lieber fertige Pflanzen, weil Sie sich nicht alle Fensterbretter mit Jiffy-Töpfen zustellen wollen? Dann müssen Sie sich nicht wundern, wenn Sie nur dürftiges Zeug kriegen.
Alle um einen herum können alles besser und zögern nicht, einem das auch mitzuteilen. Der Hinweis, man sei nicht hauptberuflich im Garten, wird mit Hohn bedacht. Männer und Frauen sind, was das betrifft, einander ungewohnt ähnlich.
Der Frühling und der frühe Sommer, diese Hoffnungsjahres-

zeit, will gegen die Heerscharen von Alleskönnern und Supergärtnern verteidigt werden, die den grünsten Rasen ohne ein Kräutlein und die fettesten Stauden – natürlich alle selbstgezogen – ihr eigen nennen. Der Sanguiniker kann gar nicht anders, als sich gartenmäßig mitzuteilen, Glück und Unglück gleichermaßen. Fürs Glück ist er selbst verantwortlich und benimmt sich, als hätte er Jasmin und Rosen selber genäht. Am etwaigen Unglück ist das Schicksal schuld, das Schnekken oder Wühlmäuse geschickt hat. Er wird sich flugs zum Experten gegen Schnecken und Wühlmäuse entwickeln und einem das bei der nächsten Gelegenheit mitteilen. Sein Lieblingsort ist der Chat, weil er seinen Gefühlen und Kenntnissen da unbegrenzt Ausdruck verleihen kann. Es gibt Chatter, man erkennt sie an komischen Blümchennamen, die so intensiv im Netz unterwegs sind und zu jedem Thema ihren wilden Senf geben, daß man sich fragt, ob die überhaupt einen echten Garten haben, und wenn ja, wann sie drin sind.
In seiner Atemlosigkeit wird der sanguinische Gärtner nicht bemerken, daß er oft was verpaßt, weil er bei den Narzissen schon an die Gladiolen denkt.
Mit Begeisterung, ja mit unendlicher Begeisterung und Ungeduld habt ihr in der Gärtnerei Pflanzen bestellt, ohne die ihr einfach nicht mehr leben könnt, allen Gartenfreunden habt ihr versprochen, bei ihnen Stecklinge zu holen, nie, ich sage nie habt ihr genug mit dem Vorhandenen.
So schreibt Karel Čapek in seinem Buch *Das Jahr des Gärtners* schon vor achtzig Jahren über den April. Und so wird sie noch in hundert Jahren sein, die Aprilunruhe, die einen so schnell in den Mai und den Juni hineinreißt, man weiß kaum, wo die Tage bleiben. Man hat nie genug mit dem Vorhandenen, das trifft alle Gartentemperamente gleichermaßen. Und auch, wenn man sich zur Zurückhaltung in allen

Dingen entschlossen hat, sieht man seine guten Vorsätze dahinschwinden. Man erteilt plötzlich selbst anderen ungebetene Ratschläge, man ertappt sich bei gierigen Einkäufen, und nachts sprießen einem die Gartenträume ins Hirn und lassen einen nicht schlafen. Immer wieder findet sich ein hübsches leeres Gefäß, dem eine Pflanze gut stehen würde. Manche Gartenverrückte haben in der kalten Jahreszeit die Flohmärkte nach attraktiven Töpfen, Kübeln, Eimern und Terrinen durchstöbert, eigentlich gibt es ja nichts, in das man nicht irgend etwas hineinpflanzen oder -säen kann. Diese Sammler geraten jetzt in echte Räusche. Übrigens macht es sich sehr gut, wenn man die Sache antithetisch angeht, also je ordinärer das Gefäß, um so edler die Pflanze und umgekehrt. Das ergibt wirklich bezaubernde Effekte, Agapanthus in einem italienischen Speiseölkanister oder Wiesenblumen wie Margeriten, Blutweiderich, Glockenblumen und wilde Möhren in einem antiken Sandsteintrog. Das schöne ist, daß man edle Gefäße billig kriegen kann, wenn sie beschädigt sind. Im Garten macht das nichts, und wenn der Frost mal eins ganz erledigt, ist es auch nicht schlimm.

Gärtnerinnen mit sanguinischem Temperament machen gern Feste. Sie wollen den Erfolg, die vergängliche Schönheit, teilen. Meistens spielen Kletterrosen eine Paraderolle, jene Sorten, die einem nur einmal im Jahr den Gefallen tun – aber wie! Kletterrosen sind jede Feier wert, egal, was für ein Wetter ist. Ich erinnere mich an ein besonders lustiges Rosenfest in einer Gartenparzelle vor der Stadt, das wegen Dauerregens in einem Geräteschuppen gefeiert werden mußte. Der war weit und breit das einzige Gebäude. Man konnte Radau machen, so laut man wollte, über den Grill wurden Regenschirme gehalten, und die nassen, nächtlichen Kletterrosen überdufteten mühelos die Bratwürste. Man braucht ein hei-

teres, leichtfertiges Gemüt, um sich mit der Geschwindigkeit dieser Gartenjahreszeit abzufinden.
Im Juni geht der Rausch zu Ende, viel zu schnell, wie in jedem Jahr. Der Sommer kippt. Juli, August und September gehören den Cholerikern, zupackend und kraftvoll, wie sie sind. Es geschieht oft im August: Man sitzt in der Wärme, der man schon nicht mehr so richtig trauen kann, auf dem Rasen zeigen sich ein paar gelbe Stellen, die Bäume haben sich schon vorsorglich von ein paar Blättern getrennt. Der zweite Rosenflor war nicht so berauschend, wie man ihn sich gewünscht hätte. Auch die Herbstastern sind nicht zu dem lila Feuerwerk geworden, das einem in Bauerngärten in die Augen geknallt war. Man sitzt und schaut spazieren. Eigentlich, sagt man sich zum drittenmal leise vor, ist doch noch Sommer. Hochsommer. Die schönste Zeit. Aber die schönste Zeit ist vorbei, und das weiß man. Innerlich verteidigt man die Reize der Reife trotzig gegen die leichte, leichtfertige Frühlingsüberfülle. Nützt aber nichts.
Du wirst alt, mein Lieber, dagegen müssen wir was unternehmen, sagt die Cholerikerin energisch zu ihrem Garten und stürzt sich in die Arbeiten, denen sich die Melancholiker nicht gewachsen fühlen.
Auch wenn es gängiger Lehre nicht entspricht: Im August und September läßt sich, wenn man die Kraft dazu in sich spürt, eine Menge verändern. Auch cholerische Ausbrüche, Wutanfälle und Bluträusche lassen sich nutzbringend anwenden. Zum sichtbaren Gealtertsein unseres Gartens hat ungewolltes und zu lang übersehenes Wachstum wesentlich beigetragen. So wie die Augenbrauen älterer Männer wuchern Kletterpflanzen unkontrolliert vor sich hin, im sich neigenden Sommer ist der Zeitpunkt gekommen, zu sagen: Das sieht fürchterlich aus. So geht's nicht weiter. Und Wil-

dem Wein, Efeu oder Knöterich reißend, schneidend und hackend zuleibe zu rücken. Das ist eine Arbeit, für die man Wut gut brauchen kann. Daß man so lange übersehen konnte, wie sich da welche breitgemacht haben und verschlingen, was ihnen vor die Ranken kommt! Zur gleichen Zeit freut man sich über die bunt und brav dastehenden Zinnien, Levkojen und Löwenmäulchen, über Dahlien und Sonnenblumen und denkt bei sich, daß denen so ein bißchen anarchischer Wucherfleiß nichts geschadet hätte.

August, September – da kann man auch über ein ganz neues Gesicht seines Gartens nachdenken. Natürlich verbieten sich die großen Eingriffe, gegen Bäume, beispielsweise. Aber vielleicht erfüllt man sich endlich den Wasserwunsch, über den man schon so lang nachgedacht hat. Ein Becken, ein Teich, ein Brunnen – es braucht ein bißchen Mut und vielleicht auch Verzicht, denn so ein Wasserloch im Garten kann ziemlich viel Geld verschlucken. Aber Wasser macht den traurigsten Garten wieder schön und fröhlich, und im September haben Pflanzen, die drum herum gesetzt worden sind, auch noch genug Zeit zu wurzeln. Der Choleriker und seine Gefährtin werfen im Sommerherbst alle Bedenken über Bord. Karel Čapek rät zum Beispiel, man solle im September einen Steingarten anlegen, auch eine wunderbare Idee, zumal sich dann endlich die von irgendwelchen Reisen mitgeschleppten Erinnerungsbrocken nützlich machen können. Ein Steingarten sieht, wie übrigens auch ein Teich oder Brunnen, am Anfang scheußlich aus. Deswegen ist es auch wichtig, die Sache in einer angenehmen und bunten Jahreszeit in Angriff zu nehmen.

Aber laßt den Mut nicht sinken: Im Laufe eines Jahres verwandeln sich die blanken Steine in das schönste Beet, auf dem zarte Blüten leuchten und weiche Blumenkissen wach-

sen; die Freude ist groß, deswegen rate ich euch, legt ein Alpinum an!

So der gartenliebende Karel Čapek für den September.

Viele fahren während dieser Jahreszeit in Urlaub, mit schlechtem Gewissen und nicht ohne einem oder mehreren Menschen den Garten anzuvertrauen. Die Erfahrung lehrt aber, daß das ganz schlecht ist. In irgendeiner Ferne wähnt man seinen Garten todesnah, der arme, alte Garten, er wird verdursten. Und was nicht verdurstet, ersäuft. Der verantwortliche Ersatzgärtner leidet indessen auch, weil er schon weiß, er wird nichts richtig machen. Die drei feriengeeigneten Monate sind für Gartenmenschen die ungeeignetsten. In ihnen werden Weichen gestellt, Entscheidungen getroffen, kurz, das Leben verändert. Das geht nicht irgendwo anders in fremden Gärten. Daß man sich in fremden Urlaubsgärten Anregungen holen kann, die dann dem heimischen nützen, halte ich für ein Gerücht.

Es ist die Jahreszeit der Veränderung, der Vorbereitung, man braucht Mut und Selbstvertrauen. Nur nicht müde werden, das kommt früh genug. Und merkwürdig: Redet man über seine Pläne, kommt einem nicht wie sonst eine Flut guter Ratschläge entgegen, sondern höchstens nachdenkliche Zustimmung. Die sonst nichts als Antworten haben, lernen jetzt das Fragen. Ich selber natürlich auch, denn wenn man es recht bedenkt, sitzt man als Gartenmensch mit den anderen, wie fremd und albern und falsch informiert und instinktlos und brutal sie einem auch vorkommen mögen, im gleichen Boot. Sie wollen doch alle nur das eine, das Paradies. Und das will ich auch. Bis auf die seltenen Momente reiner Seligkeit, in denen ich sage: Ich hab's doch schon.

Mein Garten

»Il faut cultiver notre jardin.«
Voltaire

Sie haben recht, lieber Voltaire. Die Empfehlung, mit der Sie seit ein paar hundert Jahren Leser und Leserinnen aus Ihrem *Candide* entlassen, ist immer noch die beste: Bestellt euren Garten! Ich weiß: Wer Ihnen folgt, wird glücklich. An manchen Tagen auch unglücklich, sehr unglücklich sogar, aber niemals hoffnungslos. Wenn einem nämlich der Tod im Garten begegnet, findet man zuverlässig ein paar Meter weiter neues Leben, mit dem man nicht gerechnet hat.
Zum Beispiel, wenn man den von Wühlmäusen entwurzelten Perückenstrauch aus dem Boden gezogen hat, widerstandslos, ein armer welker Leichnam, hört man angesichts einer Krötenlilie, die sich – wer weiß woher – daneben angesiedelt hat, sofort auf zu hadern. Erst jetzt kommt sie zur Geltung. Ohne den Mordfall hätten wir sie glatt übersehen.
Bestellen wir also unseren Garten. Der meine ist, wie Karl Valentin gesagt hat, nicht groß, aber hoch. Gut, hoch ist jeder Garten, wenn er aber auch sehr groß ist, kommt man nicht zum In-die-Luft-Schauen. Ich mache also zwanzig Schritte nach Südwesten, dann zweiundzwanzig nach rechts, dann wieder zwanzig nach Nordosten, und in weniger als einer Minute könnte mein ganzes Latifundium mit dem steinernen Wasserbecken in der Mitte umschritten sein. Ist es aber nicht, weil es eine Menge zu sehen gibt, zum Beispiel die bunten Fische mit ihren schwarzen Jungen. Man muß zupfen, abknipsen, hochbinden, rausreißen, ins Haus rennen und

das Pflanzenbestimmungsbuch suchen, die blühende Glyzinie bewundern, die mir, ihrer Besitzerin, allerdings ihr kahles Untergestell zeigt, während der erste Stock gratis in einer Blüten- und Duftwolke sitzt.
So werden aus winzigen Dimensionen unendliche, jeden Tag andere. Das wird es sein, was Valentin mit »hoch« meint. Und was es zu kultivieren gilt. Bestellen, wie die meisten Übersetzungen sagen, scheint mir in dem Zusammenhang doch arg bäurisch zu klingen. Hört sich nach Maisfeld und Milchquote an.
Die ersten Gärten, die ich als Kind kennenlernte, mußten nützlich und nahrungsspendend sein, auch die sehr kleinen. Blumen spielten kaum eine Rolle, was zur Folge hatte, daß die wenigen, die neben Gemüse, Kartoffeln und den unvermeidlichen Stachelbeeren geduldet wurden, wie verrückt gediehen. Noch heute kann man die Nachkommen jener Bauernblumen in Bayern bewundern, riesenwüchsige Herbstastern, unbezähmbare Massen von Ringelblumen und Wikken, Dahlien wie Löwenköpfe. Sie lehren uns, daß nicht unbedingt Sorgfalt und Liebe zu gärtnerischen Erfolgen führen. Desinteresse und Grobheit, das wird einen lebenslang erbittern, läßt sogar zickige Pflanzen erstaunlich üppig gedeihen. Es ist empörend, wie so oft in der Liebe: Man reißt sich ein Bein aus, aber das geliebte Objekt schmeißt sich einem gleichgültigen Niemand an den Hals.
Rittersporn: ein Synonym für vergebliches Werben. In struppigen Bauerngärten habe ich Mengen davon gesehen, meterlange Blütenfackeln in allen Blautönen von fast Weiß bis fast Schwarz, in Wolken von Bienen und Schmetterlinge gehüllt. Der Boden – nicht geharkt, weder gedüngt noch gemulcht, noch gegossen – war bedeckt von Blüten, ein verschwenderischer blauer Teppich, Rittersporn wirkt noch im Vergehen

triumphierend. Jedenfalls da, wo er sein möchte. Wo er nicht sein möchte, kommt er gar nicht erst aus der Erde. In meinem Garten schlafen Generationen von Rittersporn entweder unerweckt im Boden, oder sie sind in den Mägen von Wühlmäusen und Schnecken gelandet. Ich glaube an die erste Möglichkeit und versäume in keinem Frühjahr, an all den Stellen, wo ich ihm ein Heim hatte bereiten wollen, nach Blättchen zu suchen. Es sind nie welche da, wohl aber die Hoffnung, dieses unausrottbare Gartengewächs. Die kennt jeder aus dem eigenen Garten. Ob Rittersporn, Seidenmohn oder eine Malmaison-Rose: Eines Tages werden sie für uns wachsen. Ganz freiwillig. Auch wenn wir bisher nicht einmal einen ordentlichen Kopf Salat großziehen konnten.

Verrückte Hoffnung: Um sie zu züchten, braucht man unbedingt einen Garten. Eine Fensterbank. Irgendeine Ecke mit Erde drin, sie braucht wenig, um sich festzukrallen.

Von der Fensterbank aus versorgte Anna K., meine sudetendeutsche Großmutter, ihre vielköpfige Familie mit Tomaten, Kohlrabi und Schnittlauch. Im Wohnzimmer herrschte deshalb eine grüne Dämmerung, was niemanden störte, denn es wurde nur an hohen Feiertagen genutzt. Danach kam das Wirtschaftswunder, möglicherweise hat es mit einem Garten auf der Fensterbank begonnen.

In meinem Garten steht ein Stachelbeerbäumchen. Als Reminiszenz. Eigentlich esse ich sie nicht besonders gern, ein Garten aber, aus dem gar nichts Eßbares kommt, scheint mir irgendwie leichtfertig. Seit drei Jahren kriegt der Baum im Frühjahr eine Menge Beeren, die fallen dann eine nach der anderen ab, bis auf drei oder vier, die zu einmaliger Größe und Köstlichkeit heranwachsen. Ich esse die Ernte ganz allein, langsam und bewußt.

Eßbares aus dem Garten unterliegt Moden, man kann heutzutage mit thailändischen Spaghettibohnen oder rotem bosniakischen Rucola gesellschaftlich punkten. Auch tauchen bei Leuten, von denen man das nie gedacht hätte, plötzlich Gänseblümchenblüten und Kapuzinerkresse auf der Vorspeise auf, was hübsch aussieht und für kulinarische Fortschrittlichkeit spricht. Selbstgezogenen Lauch oder eigene Karotten als glamourös zu preisen käme niemandem in den Sinn. Dabei ist beides schwieriger als Gänseblümchen.

Rechts vorne in meinem Garten stehen Töpfe mit Kräutern, ein Weg, Nützlichkeit und mediterrane Leichtigkeit vorzutäuschen. Und das ist unser Kräutereckchen, dieser Satz fehlt bei keiner Gartenbesichtigung, auch wenn man die Hausherrin verdächtigt, daß sie vor kurzem noch mit Pampasgras angegeben hat. Jetzt müssen es sechs Sorten Salbei sein, verschiedenfarbig. Die eine riecht absolut köstlich nach Blutwurst. Wir fragen zähneknirschend nach der Bezugsquelle, nur um den erwarteten Satz »Ich mache Ihnen gern einen Ableger« zu kassieren.

Ableger können Liebesbeweis oder Demütigung bedeuten, Hochnäsigkeit oder Dankbarkeit und manchmal schiere Verzweiflung, gepaart mit ein wenig Schadenfreude. Wenn man nämlich einer terroristisch gesonnenen Pflanze nicht mehr Herr wird und den Eroberer als Ableger in andere Gärten einschleust, auf daß die in Kürze genauso kolonisiert werden.

Sogar im Kräutereck wohnen Terroristen. Sauerampfer zum Beispiel oder Liebstöckel. Auch die wohlriechende und gesunde Zitronenmelisse hat die Neigung, sich ganzer Gärten zu bemächtigen. Nachdem man sich wie im Blutrausch reißend und rupfend gegen sie gewehrt hat, riecht man noch lange ganz wunderbar, was einem wiederum ein schlechtes Gewissen verursacht. Sie nimmt es einem aber nicht übel und taucht im nächsten Jahr an den gleichen und noch einem

Dutzend neuen Stellen wieder auf. Auch die Pimpinelle, die ihren Auftritt hauptsächlich in der Grünen Soße hat, neigt zu Platzwechsel und Riesenwuchs. Sie blüht ganz hübsch, man kann sie also anstelle von Gänseblümchen über die Hors d'œuvres streuen.

Das waren ein paar von den Wichtigtuern in der Kräuterabteilung, vor denen gewarnt werden muß. Es sei denn, man liebt Übertreiber, das gibt's ja.

Die Scheuen dagegen scheinen sich vor dem erntenden Messer oder der Schere förmlich zu verkriechen. Basilikum friert leicht, Schnittlauch kriegt mit der Zeit dünne Halme, Salbei holzige Stengel. Petersilie kann sich nicht entscheiden, ob sie viel oder wenig Wasser will, Kerbel neigt zur Gelbsucht. Borretsch mit diesen unwahrscheinlich blauen Blüten und den kratzigen Blättern ist bei einigen Gärtnern ungestüm wüchsig, bei mir ziert er sich. Und lädt haufenweise Läuse in allen Farben ein, bei ihm zu speisen. Dill? Den sollte man ins Rosenbeet pflanzen, das macht sich wunderbar, viel feiner und verrückter als Schleierkraut. Rosen mit Schleierkraut dazwischen sehen leicht aus wie Muttertagsfleurop. In meinem Rosenbeet hat er nicht wachsen wollen, dafür der Giersch, den kann man auch essen. Das ist aber auch schon das einzig Positive, was man über Giersch sagen kann.

Welche Kräuter fehlen noch? Kresse, die kann man auf Löschpapier oder Kosmetikwatte ziehen. Die als Vorspeisendekoration schon erwähnte Kapuzinerkresse, eine der allerhübschesten Schlampen unter den Blumen, ist anders. Vielleicht hat sie mal gehört, daß ich sie so nenne. Jedenfalls wächst sie – andernorts das bare, prachtvolle Unkraut – bei mir nicht, nirgendwo. Nicht am trockenen Beetrand, nicht im Topf, weder Sonne noch Schatten vermögen sie hervorzulocken. Manchmal taucht eine meterlange, traurige Ranke mit einer einzigen fahlen Blüte auf. Die macht sie, um mir zu zeigen: Ich habe gekeimt. Ich habe aber keine Lust, bei Ihnen zu wachsen.

Von der Kräuterkolonie aus geht es in wenigen Schritten in ein Antike simulierendes Eck mit Steintisch und Steinbänken. Beides hatte ich vor wenigen Jahren in einem Katalog als Sonderangebot entdeckt, mir ein Herz gefaßt, gekauft, aufstellen lassen (was für eine Prozedur sich hinter diesen wenigen Worten verbirgt, tut hier nichts zur Sache) – und dann Wind, Wetter und der Energie des Alterns vertraut. Damit hat man ja Erfahrung und wird auch von Steinernem nicht enttäuscht. Moos hat sich angesiedelt, vielfarbige Flechten, geheimnisvolle Kalkstrukturen und Narben sind dazugekommen, die kleinen Löwen am Tischfuß schauen wie hundertjährige drein – kurz: In meinem bescheidenen Stadtgarten ist in wenigen Jahren ein Stück altes Rom entstanden, nicht echter als in einer Pizzeria, aber viel glaubwürdiger. Nun war kein Halten mehr, und anstatt wie sonst an den Replikenlagern am Straßenrand voll Abscheu vorbeizufahren – Der Dornauszieher in allen Größen! Mehr Säulen als auf der Akropolis, wetterfestes Material! – bin ich hineingegangen.

Früher habe ich alles Kopierte, jede Art von Nachgemachtem verachtet. Echt alt oder gar nicht. Plötzlich, nach dem Versuch mit Tisch und Bänken, traute ich meinem Garten zu, alles in ein Original verwandeln zu können. Es genügt ein hübscher Platz, etwas Moos, eine Kletterrose. Und dann muß nur ein wenig Zeit vergehen. Der Garten nutzt seine Jahreszeiten, und irgendwann hat er uns ganz unmerklich ein Original geschenkt. Kitsch? Ein Löwenbrünnchen macht noch keine Villa d'Este, das wissen wir. Die wollen wir ja auch nicht. Nur einen Hauch davon, eine Erinnerung – ein Stückchen Anmaßung und ein handtuchgroßes Fürstentum.

Mein Steintisch steht auf einem gepflasterten Platz, wenigstens die Pflasterziegel sind alt. Aus ihren Ritzen (ausgerechnet da – wenn ich sie an eine in meinen Augen geeignete Stelle gepflanzt hätte, wäre ich von ihr ausgelacht worden) wächst eine pfirsichblättrige Glockenblume. In den ersten Jahren ist sie mit dem Kopf unter der Tischplatte angestoßen und mußte sich krumm machen. Jetzt hat sie ihre Wuchshöhe angepaßt und ebenso kurze Kinder in anderen Ritzen angesiedelt, zartlila, weiß und einzigartig schön.
Sie können ganz unterschiedlich aussehen, die Gartenfürstentümer, Disneyland oder Kyoto, Western Ranch oder Provence: Es steht einem nicht zu, sich über die Requisiten zu amüsieren, die andere Gartenbesitzer glücklich machen. Oder über deren Besessenheiten.
Ich traf eine Frau, die ich fast zehn Jahre nicht gesehen hatte. Sie beantwortete meine Frage, wie es ihr gehe, mit den Worten: Mein Bambus blüht! Das war nach so langer Zeit die wichtigste Mitteilung: Sie würde aus ihrem verbissen asiatischen Fürstentum alle Bambusse mitsamt den Mordswurzeln rausschmeißen müssen. Wenn der Bambus nämlich blüht, stirbt er. Man sollte sich überlegen, ob man sich so was antun will.
Ich habe mich in meiner römisch verkleideten Gartenecke schon ziemlich lang aufgehalten, wobei ich die Töpfe mit Zitrone, Olive, Myrte, Akelei und allerlei anderen Bewohnern noch gar nicht erwähnt habe. Aktuell sind es sechsundzwanzig mit der Tendenz, mehr zu werden. Geschenke, Frust- und Mitleidskäufe, manchmal Begeisterung mit einem völligen Mangel an Sachkenntnis gepaart – oder auch Sturheit. Zitruspflanzen wollen nicht bei mir? Sie müssen! All das führt zur Explosion der Töpfezahl. Im Herbst werden wir uns dann verfluchen, aber noch ist der Herbst weit weg.

Jeder Garten hat eine dunkle Seite, schattig, trocken – weil hohe Bäume alles Wasser wegtrinken – oder wegen einer häßlichen Aussicht ungeliebt. Meistens gibt es da auch schreckliche Bewohner, wilde Brombeeren, die sich mit allen Mitteln gegen das Ausreißen wehren und durch die dicksten Handschuhe blutige Wunden schlagen, oder tausend zähe Buchenschößlinge, die einem bei ihrer Vernichtung das widerwärtige Gefühl geben, soeben einem schönen Baum die Zukunft genommen zu haben. Baumschößlinge rauszureißen ist notwendig – schließlich fehlt für einen Wald der Platz –, aber unangenehm. Wie reizend sieht es aus, wenn die vom Eichhörnchen vergrabene Walnuß sich teilt und einen grünen Sproß entläßt. Das Entzücken verblaßt, wenn in Blumentöpfen, unter Bäumen, auf der Wiese und überhaupt an allen erdenklichen Stellen des Gartens geteilte Walnüsse auftauchen, ein Versprechen für künftige Walnußhaine – ab in den Kompost. Da wachsen sie dann munter weiter, bis man sich erbarmt und sie in einen Kübel setzt, in dem sie dann prompt eingehen.
Allerdings kann man das eine oder andere aus einem richtigen Wald anzusiedeln versuchen, und wenn man Glück hat, wird aus der Schmuddelecke eine geheimnisvolle, jedes Jahr von neuem überraschende Freude. Zum Beispiel Buschwindröschen, Waldveilchen, Nieswurz oder Maiglöckchen. Die verwildern schön, mögen düstere Gegenden und wollen nur in Ruhe gelassen werden. Der eine oder andere Farn, auch Funkien – aber nicht die mit den bräsigen Blättern, die wie übergroßer Salat aussehen –, sie werden sich alle jedes Jahr anders verteilen, und manchmal kackt ein Vögelchen Walderdbeersamen hin: Dann hat man auch wieder was Eßbares.
Er hat mich mehr als einmal gerettet, der Garten: die Dinge zurechtgerückt, mich zum Lachen gebracht, wenn mir zum

Heulen war. Er bereitet mir Niederlagen, aber er tröstet mich, wenn die Welt mir welche bereitet. Er erlaubt das Kindischsein und verschenkt, wenn etwas sehr weh tut, ein unerwartetes Blümchen. Er zwingt einen zur Verantwortung und treibt einem sinnloses Grübeln aus: Wichtig ist jetzt nicht die globale Erwärmung, sagt er, sondern: Gießen. Mich. Jetzt.

In harten Krisen ist er unschätzbar, egal, wie groß er ist. Es geht, wie gesagt, um seine Höhe. Ich weiß, wovon ich rede.

Dennoch müssen wir ihn manchmal verlassen, wir wollen ja kein Leberecht Hühnchen sein, jene etwas ärmliche Figur von Heinrich Seidel, die mit einer einzigen Nuß Festmähler feierte und nie über den Zaun geschaut hat.

Goethe hat schon recht: *Bringet mich wieder nach Hause! was hat ein Gärtner zu reisen?* Der Garten nimmt Abwesenheiten übel und liebt den Gärtner am meisten, der nie wegfährt. Aber er verzeiht auch schnell, vor allem, wenn man ihm was mitbringt, da ist er wie ein Kind. Das eine Mitbringsel liebt er wie verrückt und kann sich gar nicht trennen, das nächste macht er sofort kaputt.

Vita Sackville-Wests Kulturbeutel, in dem sie für ihren heimischen Garten in aller Welt Pflanzengeschenke sammelte – man kann auch sagen: klaute –, sei uns Verpflichtung. Wo immer du auf der Welt sein magst, im Orient oder Okzident: Denk an deinen Garten. An sein bescheidenes Wassertümpelchen, wenn dich toskanische Fontänen umrauschen, an seine paar Meter Buchsumrandungen und die fünf Kugeln, wenn du die buchsernen Riesenfabeltiere asiatischer Parks bewunderst.

Denk an deinen Garten. Und bring ihm unbedingt etwas mit!

Inhalt